ritishSpanishSociety

# Become a member of the British Spanish Society today

The BritishSpanish Society is a registered charity whose object is to promote friendship and understanding between the people of Britain and Spain through knowledge of each other's customs, institutions, history and way of life. Membership is open to anyone who has an

We host several cultural events and activities which provide our members with an opportunity to integrate and form friendships. Additionally, as a charity, we are proud to award scholarships and bursaries to British and Spanish post-graduate students every year, thanks to the generosity of our principal supporters, and in doing so we hope to encourage valuable research and learning which we believe to be beneficial for both the UK and Spain.

Due to growing membership, the Society is stronger than ever, demonstrating the enduring relevance of our central mission to bring British and Spanish people together. There has never been a better time to support the BritishSpanish Society.

Find more information about our charity and how to become a member in our website (www.britishspanishsociety.org) or using this QR code:

# Cultural diplomacy

*A hundred years of history
of the British-Spanish Society*

Luis G. Martínez del Campo

LIVERPOOL UNIVERSITY PRESS

First published 2015 by
Liverpool University Press
4 Cambridge Street
Liverpool
L69 7ZU

British Library Cataloguing-in-Publication data
A British Library CIP record is available

ISBN 978-1-78138-275-2

Typeset by Carnegie Book Production, Lancaster
Printed and bound by BooksFactory.co.uk

# Cultural diplomacy

# Contents

# VERSIÓN EN ESPAÑOL

# Joint Foreword

*by* **Jimmy Burns Marañón**, Chairman of The British-Spanish
Society, and **Federico Trillo-Figueroa**, Honorary President
of The British-Spanish Society, and Spanish Ambassador

Es con un gran sentido de orgullo, así como de optimismo que la British Spanish Society publica esta historia conmemorando su primer centenario.

La Sociedad tuvo sus inicios en 1916, en medio de un grave conflicto internacional y de incertidumbre económica, cuando un grupo de académicos, estudiantes y hombres de negocios, apoyados por diplomáticos británicos promovió un acercamiento social, cultural, y comercial hacia sus homólogos españoles. El texto original de su fundación declaró que el objeto de la recién creada Sociedad Anglo-Española era la promoción de "las relaciones, tanto intelectuales como comerciales, ofreciendo hospitalidad y oportunidades de intercambio social a los visitantes de habla hispana en las Islas Británicas, fomentando en Gran Bretaña e Irlanda el estudio de la lengua española, de su literatura, arte e historia, y ayudando a los estudiantes británicos que quisiesen conocer mejor tierras españolas".

En las décadas siguientes la Sociedad sobrevivió como organización en medio de un entorno político y diplomático siempre cambiante que afectaba a las relaciones entre Gran Bretaña y España. Sus miembros permanecieron constantes en su deseo de ver a los pueblos de ambos países encontrar un terreno común, en el cual se fomentase el diálogo y se intercambiase lo más positivo y creativo de cada país. Su misión siguió siendo la de promover la amistad y el entendimiento entre los pueblos de Gran Bretaña y España a través del conocimiento de las costumbres, el idioma, las instituciones y la historia de cada uno.

En el año 2000, la Sociedad celebró el inicio de un nuevo milenio, al pasar de ser una asociación a constituirse en una fundación benéfica registrada en virtud de la legislación británica. Este marco legal permitió que la Sociedad pudiese adoptar medidas para cumplir mejor su misión sin interferencias políticas, y al mismo tiempo con una mayor responsabilidad financiera, creando un Consejo de Supervisión de Administración, además de un Consejo Ejecutivo. Entre sus innovaciones hay que destacar el lanzamiento de un programa de becas, con el apoyo de la recaudación de fondos por la Sociedad y sus socios corporativos, que ha servido de estímulo para postgraduados británicos y españoles a través de diversas disciplinas, entre ellos el autor de esta investigación historica.

Dieciséis años despúes, la Sociedad celebra su centenario como una organización en crecimiento, con el apoyo de una comunidad diversa y dinámica de los británicos con un interés en España y de los españoles con un amor por la cultura británica, incluyendo a muchos de los que viven y trabajan en el Reino Unido.

En este mundo turbulento e impredecible que vivimos en la segunda década del siglo 21, no puede haber muchas certezas sobre lo que puede contribuir a un mejor entendimiento entre los pueblos de esta tierra, pero la lengua y la cultura, liberadas de la intolerancia sofocante del nacionalismo político y de los prejuicios raciales, pueden ser una fuerza para el bien, así como para el progreso. Creemos firmemente en la expresión más noble y universal de la Cultura y de la lengua, ofreciendo a modo de ejemplo la literatura del Siglo de Oro de España, las obras de Shakespeare y Cervantes, las pinturas de Turner y Constable, junto con las de El Greco, Goya, Velázquez, Sorolla, Gaudi y Picasso, la poesía de Robert Burns y TS Eliot, junto con la de Bécquer y Lorca. Todos ellos aspiran a un espíritu universal y son muestra de la fe en la bondad de la humanidad.

Este libro no habría sido posible sin el apoyo prestado durante muchos años por una sucesión de diplomáticos españoles y británicos, así como por un sin número de personas de ambas nacionalidades, cuya dedicación desinteresada son evidentes en la historia admirablemente bien documentada por Luis Gonzaga Martínez.

Además de celebrar el pasado, este libro debería darnos motivos de esperanza en el futuro.

# Prologue

Lord Tristan Garel-Jones

This carefully researched and meticulous study by Luis G. Martínez del Campo of a hundred years of the British Spanish Society is interesting on many levels.

First, the vissicitudes through which the Society passed during the 20th century – including re-branding, winding up, and then re-branding again – is a good reflection of the turmoil experienced in Europe (and indeed the wider world) during that century.

Secondly, the seemingly anecdotal inspiration that lay behind the foundation of the Society – namely the coincidence of the 3rd centenary of the deaths of William Shakespeare and Miguel de Cervantes – goes to the heart of what the British Spanish Society has been, and is, about. Namely, the cultural baggage that our two countries have accumulated over the years.

Familiar names spring up again and again. Byron, George Borrow, Richard Ford, Unamuno, Dámaso Alonso, Gregorio Marañón – to mention a few figures from the past. Nor will it have escaped notice that some of the most prestigeous contemporary writers on Spain are British – Hugh Thomas, Gerald Brennan, Paul Preston, again to mention but a few.

The fact is that Britain and Spain led the two greatest Empires of the modern era. And perhaps the most important inheritance of all that is that our two languages are now the two most widely spoken languages in the free world.

And it seems to me that the real challenge for the British Spanish Society going forward lies precisely in this area.

It is now the case that English is established as the universal language. As a Brit I am both pleased and proud of that. But equally I am very aware that language carries with it a whole package of cultural values and attitudes. So, unless we want to live in a mono-cultural world, we have a duty to promote both the Spanish language and the cultural values it brings, as they are the only ones that can offer an appropriate counter-poise to an Anglo dominated world.

Hopefully this History of the first 100 years of the British Spanish Society will inspire its members to take up that challenge.

# Cultural diplomacy
## A hundred years of history
## of the British-Spanish Society (1916–2016)

Dr Luis G. Martínez del Campo

# Acknowledgements

In 1916, the 3rd centenary of William Shakespeare and Miguel de Cervantes' deaths, which were both in 1616, was commemorated as "another happy tie" between Spain and England. The governments of both countries scheduled events and implemented different projects to pay homage to "the two great literary glories". As part of these celebrations, the Anglo-Spanish Society was founded to strengthen mutual understanding between the people of both nations.[1]

After one hundred years, it is time to look back, reflect on the history of this association and analyse its influence over bilateral relations between the two countries. The current members of the newly rebranded British-Spanish Society have trusted in me to reconstruct the history of their association, and therefore my first word of thanks is to them. In particular, Amy Bell, María Ángeles Jiménez-Riesco, Albert Jones and Jimmy Burns Marañón deserve special mention for their helpful comments on the various drafts of this text. I also want to highlight that Denise Holt and Stephen Wright were very kind answering my questions. Additionally, the interest taken of Adrian T. Wright and John Scanlan in the Society's past has greatly aided my research, as has the documentation which they have compiled or created about the subject. I should also thank Beatriz Gago and Virginia Cosano, who have given me access to the abundant information which the Instituto Cervantes (London) holds about this centenary organisation. Last, but not least, I would like to express my gratitude to the Spanish Embassy in London, especially Fidel López for his support and suggestions, along with the institutions which, in addition to making this publication possible, work daily to reinforce British-Spanish friendship. I

1  "The King and The Literary Tercentenary", *The Times,* 27 April, 1916. University of London. King's College Archives: KAP/BUR 164. Spanish, General, 1915–1918. From now on, this archive will be represented by the following abbreviation: ULKCA.

must point out that this publication is supported by the Spanish Ministry of Education with one Hispanex grant. Many thanks to all.

In London I felt at home thanks to Chidi Umeh, Dr Irina Chkhaidze, Jane Jones and Jesús Rodríguez Montes. Finally, as always, I thank Dario Ferrer Ferruz and Inés Giménez Delgado, who, in spite of my many defects, continue to give their unconditional support in all my projects, demonstrating that love can be irrational.

# I

# Introduction

Some observers have argued that the sources of power are, in general, moving away from the emphasis on military force and conquest that marked earlier eras. In assessing international power today, factors such as technology, education, and economic growth are becoming more important, whereas geography, population, and raw materials are becoming less important.

Joseph Nye, Jr[2]

I n the early modern era, the relations between countries were determined by commercial, geopolitical and military factors. Different states exerted control over other regions through economic strategies, armed forces or the negotiating capacities of their leaders. Accordingly, diplomatic historians have traditionally paid special attention to trade, military prowess and the interaction between political elites. However, in the 20th Century, other factors have gained increasing relevance in the foreign policy of a given state, such as education, intellectual networks and the sharing of ideas. Consequently, the specialised historiography shifted its focus onto cultural elements, which are now central to the history of international relations.

In the early 20th Century, culture started to become a key component of international relations. The Department of State of the USA and the foreign offices of many European countries realised how useful cultural propaganda campaigns were for diplomacy. France and the United Kingdom founded educational corporations to contribute to their foreign policies: the Institut Français (1922) and the British Council (1934). The

2 Joseph S. Nye, Jr, *Bound to Lead. The Changing Nature of American Power* (New York, Basic Books, 1990), 29.

equivalent Spanish institution is the Instituto Cervantes, which was set
up much later, in 1991.

Nevertheless, the Spanish government established several institutions to
meet this diplomatic objective by promoting Spanish culture abroad and
developing educational relations with other countries in the first half of
the 20th Century. In 1907 the Board for Advanced Studies and Scientific
Research (Junta para Ampliación de Estudios e Investigaciones Científicas,
JAE) was founded, and later, in 1921 the Board of Cultural Relations
(Junta de Relaciones Culturales, JRC) was created. Both organisations were
established to promote intellectual contacts with European and American
nations. In 1932, the Ministry for Foreign Affairs of Spain issued a report
explaining the role of these institutions in Spanish foreign policy:

> Spanish cultural relations with foreign countries are carried out
> by different institutions, which play several roles. One of these
> corporations is the Board of Cultural Relations [Junta de Relaciones
> Culturales], which depends on the State Ministry. Another one is the
> Board of Advanced Studies [Junta de Ampliación de Estudios]. Each
> one has specific aims and both complement each other. The first one
> promotes Spanish culture in foreign countries, and the second one
> awards scholarships to Spaniards who want to study abroad.[3]

Besides these institutions, other organisations were also formed to
strengthen cultural ties between Spain and specific countries in the early
20th Century. In this final group were associations like the Anglo-Spanish
Society, the protagonist of this story, whose foundation was driven by
the British Foreign Office, but later became a diplomatic resource for the
Spanish Embassy in the United Kingdom after World War II.

3 The Archive of the Spanish Ministry for Foreign Affairs. Section of Cultural
relations: R. 2100, no. 6. (1932). In 1907, the Board of Advanced Studies and Scientific
Research (JAE) was set up by the Spanish Ministry of Education. This new organisation followed the pedagogical aims of the Free Institution of Education (Institución
Libre de Enseñanza), which was founded by Francisco Giner de los Ríos in 1876. For
30 years, the JAE promoted different scientific institutions (i.e. Instituto Nacional de
Ciencias Físico-Naturales) and education centres (i.e. the Residencia de Estudiantes
de Madrid). The JAE contributed to developing Spanish science, which became
internationalized. This Board implemented a relevant scholarship programme for
Spanish teachers and students who wanted to study abroad. José Castillejo Duarte,
who was secretary of the JAE, encouraged Spanish scientists to establish academic
networks with British universities. See: José Manuel Sánchez Ron (ed.), *La Junta para
Ampliación de Estudios e Investigaciones Científicas 80 años después, 1907–1987* (Madrid,
CSIC, 1988).

The Anglo-Spanish Society is an interesting example of those pioneer institutions involved in foreign policy. This book is about the history of this association, which played a key role in the relations between Spain and the UK during the 20th Century. Its creation coincided with the Great War (1914–1918) and this conflict determined its aims. Its short term purpose was to garner the Spanish-speaking countries for the allied cause, but the Society also fostered British trade links with Latin America, at a time when the US dominated the Latin-American market. Therefore, the association assumed two tasks, an economic one and a political one, in line with the Foreign Office's policy for the Hispanic World. Although its aims were political and economic, its strategies were based on cultural understanding. This new organisation supported the teaching of Spanish language and culture in Great Britain through its branches in several universities and cities in England and Scotland. Thus, the Anglo-Spanish Society's reach was extended beyond London to different parts of the United Kingdom.

After the Great War, the Society became relatively independent of the British Foreign Office. In the post-war years, it gained stability and was able to promote the teaching of Spanish in the UK and develop British commercial links with Latin America. However, in the 1920s, the lack of governmental support, changes in the international situation, and the Great Depression of 1929 affected this association, which had to reduce its activities before World War II.

After 1945, the Anglo-Spanish Society did not recover, and was dissolved. Nevertheless, the interest of Franco's dictatorship in ending Spain's international isolation provoked Spanish diplomats in London to revive the association and to continue its activities. Thus, the League of Friendship was formed, which, unlike its predecessor, was linked to the Spanish Embassy in London, and was dedicated to strengthening the relations between Spain and the UK, leaving the subject of Latin America aside.

In 1958, the League restored its original name and become known as the Anglo-Spanish Society. Free from political objectives of the Spanish diplomatic services, it focused instead on the promotion of Spanish culture in London. In line with this aim, the Chairman and members of the Society implemented new educational projects, scheduled many social events and created a stable administrative framework. These changes allowed this association to grow and to guarantee its continuity.

During the Spanish transition to democracy, the Society was committed to its educational and social aims, but at the same time it started a legal process which would enable it to become a registered Charity, that is, a non-profit organisation with philanthropic goals. In this last period, members pursued exclusively pedagogical and cultural objectives through events, publications and an important scholarship scheme for students, scientists and artists from both Spain and the UK.

In sum, the history of this Society perfectly exemplifies the importance of cultural elements in foreign affairs and particularly in the evolution of British-Spanish relations throughout the 20th Century. Now that the association is celebrating its first centenary, it seems appropriate to study its history.

# 2

# The foundation and expansion of the Anglo-Spanish Society (1916–1920)

Prior to the 20th Century, British-Spanish relations were determined by many misguided stereotypes, such as the "Black Legend" or the "Pérfida Albión". These opinions had their beginnings back in the Modern Era, when English and Hispanic monarchies were diametrically opposed to each other, for religious and commercial reasons. Far from being lost in time, these hostile feelings persisted, but eventually coexisting with other more positive images which emerged.

In the 19th Century, various historical events put into question the rivalry of the past and set the scene for greater understanding and even mutual admiration. The outbreak of the Peninsular War and the heroic struggles of the Spanish people against the French occupation had a positive impact on the public opinion of Spain in Great Britain, causing, suddenly, a form of Hispanophilia in Albion ("hispanofilia súbita") that, according to Moradiellos, provoked a "total revision" of the Black Legend. From then onwards, this dark perception coexisted in Great Britain with other more romantic and attractive images of Spanish people which, however, were still idealistic.[4]

Two other historical events affected perceptions of Spain. The first was initiated with the second restoration of Ferdinand VII to the Spanish throne in 1823, forcing many liberal intellectuals and politicians to seek refuge in London. The cultural and literary activities of these exiles gave Londoners a taste of Spanish culture. The second event was the constant flow of British writers and travellers who visited Spain and returned with romantic descriptions of an exotic country. Among them were Lord Byron (*The Girl of Cadiz*), George Borrow (*The Bible in Spain*) and Richard Ford

---

4 Enrique Moradiellos, "Más allá de la Leyenda Negra y del Mito Romántico: el concepto de España en el hispanismo británico contemporaneísta", *Ayer*, 31 (1998), 183–199.

(*A Handbook for travellers in Spain and readers at home*). In conclusion, the war, the liberal exiles, and the romantic movement produced new stereotypes and, consequently, a different image of Spain in British eyes.

Furthermore, the majority of Spanish colonies in America became independent in the first half of the 19th Century. These Latin American movements for emancipation were supported by Britons, who took advantage of the situation, in order to increase their commercial and political influence over the region. Towards the end of the century, a great number of British companies were established in Spanish-American countries, exploiting mining resources, controlling commercial shipping, building infrastructures, and organising financial systems.

Both the geopolitical circumstances and the new stereotypes which had begun to form determined diplomatic relations between Spain, the UK and Spanish-American nations at the beginning of the 20th Century. Although the Spanish Empire came to an end in 1898, the British government remained interested in Spain as a potential mediator between Great Britain and Latin America. The cultural influence which Spain had exerted on its former colonies had not been forgotten.

In the 20th Century, the UK government was also concerned about Spain for two reasons: the Spanish protectorate in Morocco, and Madrid's policy of neutrality in the Great War. The first issue was the cause of several disputes between Madrid and London, and the second one was an inflexion point in British rapprochement with Spain. Since 1914, British politicians paid special attention to Spanish socio-politics with a view to attracting Spanish and Latin American support for the Allies.

After the outbreak of the Great War, the UK faced two problems which were related to the Hispanic World. British companies lost the privileged position which they had occupied in the Latin American market, confronted by the unstoppable rise of USA. Germany had also initiated a propaganda campaign to win the support of Spain and other neutral countries. The British Foreign Office responded with a special policy designed to recover its economic power with Spain and Spanish-America, and to counteract German influence over the Hispanic World.

The Anglo-Spanish Society was set up within this changing context. Its original aim was to contribute to the British propaganda campaign in Spain and Spanish-America, but the institution came to be focused on the promotion of Spanish language and culture in Great Britain.

## 2.1. Wartime origins

> Under the influence of the wartime proselytism, societies, boards
> and committees of friendship with other countries have been
> founded in Spain; there is a Belgian-Spanish Committee, a
> French-Spanish Committee, an English-Spanish Committee,
> some groups of friendship with Italy and Portugal...
>
>                                                        Andrenio[5]

On 28 June 1914, the assassination of the Austrian Archduke Franz
Ferdinand in Sarajevo caused the outbreak of the first "Great War" of
the 20th Century. This war marked the end of an era that, according to
the European bourgeoisie, had been a period of peace, prosperity and
stability. The "Golden Age of Security" in Europe, in Stefan Zweig's words,
collapsed and made way for a period of change, violence and suspicion.
This new age brought an end to the great late empires: Austro-Hungarian,
Ottoman and Russian.[6]

This conflict was fought in trenches, but it was also a war of ideas.
The belligerent countries were preoccupied by internal and foreign public
opinion. Both blocs implemented propaganda campaigns to win the
support of neutral powers. Thus, the echoes of battle reached the European
press, causing a dialectical conflict involving diplomats, journalist and
other key figures.

Spain remained neutral, but was immersed in this propagandistic
fight from the beginning. One year and a half after the outbreak of the
war, Spanish intellectuals protested against foreign interference in the
public affairs of their country. One of the first to raise his voice was
Luis Araquistáin, who wrote an article denouncing the German political
campaign in Spain. His text was published in several English and New
Zealander newspapers under the title: "A neutral warning. Public opinion
made in Germany". Araquistáin, an editor of *El Liberal*, revealed that
the German government was controlling various Spanish newspapers in
order to manipulate public opinion. A great number of Spanish journalists
complained about Araquistáin's information and asked him for the names
of the newspapers which were supporting Germany. At the same time,

---

5  Andrenio, *La Vanguardia,* 4 December, 1924, 5.
6  Stefan Zweig, *El mundo de ayer. Memorias de un europeo* (Barcelona, Acantilado,
2001), 17.

many Britons began to encourage their government to plan a strategy for counteracting the German influence over Spain.[7]

This journalistic affair was particularly important. The state of public opinion in neutral countries was greatly valued by Germans and Britons, who were optimistic about the potential for alliances after the war. Therefore, the British government considered German influence to be a big problem for the future of the UK. Luis Araquistáin had highlighted the role of neutral powers in international relations after the end of the war:

> Besides the neutral countries will have an important role to play after the war as well, and herein lies the second reason to be taken in consideration. If they become Germanised, they may, and certainly will, come to be an economic and military instrument in the future, in the service of Germany.[8]

This warning sparked a public debate in the British press about the plan that the government should implement to reposition public opinion in neutral countries. Many Britons sent letters to the editors of the main English newspapers and proposed ideas to win the propaganda war. The discussion centred on Spain, and readers' suggestions included a great number of projects, which, in some cases, were put in practice. For example, one campaign called for German to be replaced with Spanish as the second foreign language in all the British schools. However, the most successful idea was proposed some months later. On 14 September 1916, *The Times* published a short letter by Lord Latymer, who belonged to a famous family of bankers who set up Coutts & Co. He wondered why no one had established an English-Spanish association, implicitly suggesting that organisations promoting friendship with other nations should be created, which could then influence foreign public opinion:

There has been an association formed for bringing Italy and England

---

7 See a detailed description of this controversy in: *El Año Político* (1916), 20. According to this yearbook, his article was published by a British newspaper on 12 January 1916. It was also published under the title: "Spain in war time. A neutral warning. Public opinion made in Germany" in the New Zealander newspaper: *The Dominion*, 9 March, 1916, 6. ULKC: KAP/BUR 164. Spanish General 1915–1918. Luis Araquistáin Quevedo (1886–1959) was a Cantabrian writer and journalist who was campaigning against Germany during the Great War. In the early 20th Century, he was involved in the movement for the reform of the Spanish education system, and became an important leader of the Spanish socialist party (PSOE). In the 1930s, he was Spanish Ambassador to Berlin and Paris.

8 Luis Araquistáin, "Spain in war time", 6.

into closer relations. Why should not Spain and England be helped to understand each other better by similar means? The Spanish would surely be interested in such a scheme, and Lord Northcliffe, one supposes, could by his influence secure reports of the proceedings in Spanish newspapers...[9]

This letter and the great debate it provoked were indicative of a general feeling that Germany was winning the propaganda battle. Many Britons saw that the enemy had exerted a great influence on public opinion in different neutral countries and that the UK government had done nothing to counteract this. However, they were wrong because the British Foreign Office was already working on creating the right conditions in order to impose its vision on Spain and other countries. The plan was carried out in secret, until Lord Latymer urged the government to make its propaganda strategy public.

One day after Lord Latymer's letter was made public, *The Times* published a statement written by a group of academics from the University of Oxford and John Mackay, Emeritus Professor at the University of Liverpool. In this note the scholars announced that they were organising the creation of the Anglo-Spanish Society. According to their statement, the new institution was supported by the governments of Spain and the UK. Nevertheless, there is evidence to suggest that this initiative was part of the propaganda campaign which the Foreign Office was preparing to get closer to Spain and Spanish-American countries. Mackay became the principal promoter of this multilateral association, which, through the development of cultural relations, was intended to help counteract the advancement of the US in the Latin American market and German influence on Spanish-speaking nations.[10]

But, who was this Emeritus Professor? John Macdonald Mackay was a well-known Professor of History at the University of Liverpool, who had become an important figure in Liverpudlian social and academic life. Moreover, he was a key member of a special university society, The New

9 Lord Latymer, "German in Spain", *The Times*, 14 September, 1916, 7. Lord Northcliffe was Alfred Harmsworth (1865–1922), a famous editor and owner of different British newspapers. Northcliffe took part in the debate about German and British influence on the foreign press. For this reason, Latymer mentioned him. Lord Latymer was Francis Burdett Thomas Coutts-Nevill (1852–1923), who showed interest in Spain and wrote books about Spanish issues (e.g. *The Alhambra and other Poems*). See: "Obituary. Lord Latymer", *The Times*, 9 June, 1932, 12.

10 John Mackay, Edward Hilliard et alter "Anglo-Spanish Sympathy. A new Society founded", *The Times*, 15 September, 1916, 9.

Testament Group. After the outbreak of the Great War, he retired from his teaching position, but was required by the British Foreign Office to take part in the "Intelligence work so far it related to Spain".[11]

Mackay's involvement in the Anglo-Spanish Society might be related to his collaboration with the British Foreign Office. Before 1914, Mackay had not been particularly interested in Spanish culture. Evidence indicates that he did not speak Spanish and was far from being an hispanist. However, he was a very close friend of James Fitzmaurice-Kelly, the most famous British expert in Spanish literature at the time. They had met at the University of Liverpool, where Kelly held the position of Gilmour Chair of Spanish from 1909 to 1916. Mackay's brother, Doctor William Alexander Mackay, was also linked to the Spanish-speaking world. William Mackay had lived in Spain, where was well-known as a founding member of the first Spanish football club, the Huelva Recreation Club (so-called Recreativo de Huelva). Undoubtedly, these contacts and his prestige in the English academy allowed the retired John Mackay to accomplish the mission of creating the Anglo-Spanish Society. It is difficult to know whether the British Foreign Office asked him to organise this new association or it was his own idea. In any case, the state and diverse establishments gave their support to the project.[12]

---

11 Born in Scotland, John Macdonald Mackay (1878–1961) was the son of the Reverend John Mackay, of Caithness. John Macdonald studied Philosophy and Classics at the Universities of Aberdeen and St. Andrews. In 1878, he went to the Balliol College, Oxford, where, under Dr Jowett's influence, he graduated in History in 1881. After a few years, he was appointed Professor of History at University College Liverpool, which, in the late 19th Century, was part of the North English University federal corporation founded in 1880: the Victoria University. He promoted the School of History and contributed to set up an independent university in Liverpool in 1903. Before his retirement in 1914, he played a key role in the reform of the British higher education system, as promoter of the "new University movement" in England. A Mackay's obituary pointed out: "During the war he was associated with Intelligence work so far it related to Spain". See: "University Pioneer. Death of Professor J. M. Mackay", *Liverpool Post and Mercury*, 12 March, 1931, and "Professor Mackay", *The Times*, 13 March, 1931. The University of Liverpool: Special Collections: D105/4/6.

12 José Romero Cuesta, "Los abuelos del fútbol. El Real Club Recreativo de Huelva, decano de los equipos españoles", *Estampa*, III/104, 7 January, 1930, 30–31. James Fitzmaurice-Kelly (1857–1923) was born in Glasgow and went to St. Charles College, Kensington. In 1885, he moved to Jerez de la Frontera, where he worked as a private tutor for the future Marquis of Misa for 6 months. Before his return to England, he also visited Madrid and collected all the information he could find on Cervantes. Then, he published his first work on Spanish literature: *Life of Cervantes* (1892). However,

In order to set up the Anglo-Spanish Society, John Mackay sought help from English universities, which he knew well. Specifically, he implemented this project at the University of Oxford, where he could take advantage of the many contacts he had from his student years. The origin of the Society can therefore be found in Oxford University, where the first branch was founded before the general headquarters was established in London.

In addition to the support of the Oxford academics, the first constituent of the Anglo-Spanish Society was also supported by diplomatic authorities in Great Britain. The founding committee of the Oxonian branch included diplomats who were named honorary members: Edward Grey (then Secretary of State for Foreign Affairs) Robert Cecil (Under Secretary of State for Foreign Affairs) and Arthur Henry Hardinge, (British Ambassador to Spain in the Great War).[13]

The Anglo-Spanish Society was therefore formed in accordance with British diplomatic aims. In particular, the association aligned with the Foreign Office's strategy for strengthening ties with Spanish speaking countries. Thus, the Foreign Office had an important influence on the new organisation, but Mackay and Oxonian scholars combined these diplomatic objectives with academic purposes:

> The object of the society will be to promote more intimate relations, both intellectual and commercial, by offering hospitality and opportunities of social intercourse to Spanish-speaking visitors in the British Isles; by fostering in Great Britain and Ireland the study of Spanish language, literature, art, and history; and by assisting British students to enter Spanish lands.[14]

Academic and diplomatic objectives were merged in the new Society, which seemed to satisfy the Foreign Office for wartime. However, the Anglo-Spanish Society was unable to meet the demands of the British

---

he became popular due to his *History of Spanish Literature* (1889), which has been a key book for British hispanists. After serving as Norman MacColl lecturer in Iberian Literature at the University of Cambridge in 1908, he was appointed Gilmour Chair of Spanish at the University of Liverpool. In 1916, he became Cervantes Professor at King's College London. After his resignation due to illness in 1920, he died in 1923. See: John D. Fitz-Gerald, "James Fitzmaurice-Kelly (1857–1923)", *Hispania*, 7/3, May, 1924, 210–212.

13 *Minute Book, 1919–1921*. The Archive of the Anglo-Spanish Society. Instituto Cervantes London. From now on, this archive will be represented by the following abbreviation: AASS.

14 J. Mackay, Edward Hilliard et alter "Anglo-Spanish Sympathy. A new Society founded", *The Times,* 15 September, 1916, 9.

war strategy, and it therefore distanced itself from the objectives of the political authorities. The association was supposed to counteract German influence on Spanish-speaking countries, but no propaganda campaign was ever carried out abroad. Instead, the Society focused on advocating the study of Spanish language and culture in Great Britain. Nevertheless, its propagandistic functions were remembered for a long time afterwards. In 1920, Arthur Hardinge described how the foundation of this Society made him very happy. He had seen the influence which Germany was having on Spanish public opinion, while the British government was doing nothing to stop it. An editor of the *Daily Telegraph* summarised Hardinge's views about it:

> When he [Hardinge] was in Spain during the war and had to rebut German campaigns of calumny, he was always at considerable pains to impress upon his Spanish friends that Great Britain had far oftener been the ally rather than the enemy of Spain (Hear, hear). He was glad to know that a Spanish club had been formed by the considerable nucleus of Spanish students at Oxford University (Hear, hear).[15]

Hardinge's enthusiasm inspired him to take an active role in the project, and he held positions in several branches. It was Hardinge who introduced the tradition of involving former British Ambassadors to Madrid in the management of this bilateral association. Despite the involvement of a few Spaniards, the Society was driven by British diplomacy and academics.[16]

---

15 *Daily Telegraph*, 28 May, 1920. AASS.

16 Arthur Henry Hardinge (1859–1933) was born in London. He was the son of General Arthur Edward Hardinge (1828–1892) and Mary Georgiana Frances Ellis (1837–1917). When he was young, he lived in France, but he went to Eton in 1872. He studied Modern History at the Balliol College Oxford and was elected fellow of All Souls College in 1881. Before his graduation, he visited Spain and North Africa. He became a member of the Foreign Office, and he started to serve in the British Embassy in Spain in 1883. After his first appointment, he played different diplomatic roles in countries of East Europe, Africa and Middle East. He was also sent to Belgium and Portugal in the early 20th Century. From 1913 to 1919, he was British Ambassador to Spain. After being replaced by Esme Howard, Hardinge retired from diplomatic services in 1920. Then, he got involved in the Anglo-Spanish Society and started to write his memories. See: G. H. Mungeam, "Hardinge, Sir Arthur Henry (1859–1933)", *Oxford Dictionary of National Biography*, (Oxford, OUP, 2004): http://www.oxforddnb.com/view/article/64122 [1 August 2014]. Further information: An Old Friend, "Sir Arthur Hardinge. Diplomatist and Traveller", *The Times*, 29 December, 1933, 15.

**Arthur Henry Hardinge** (1859–1933).

Photo by Bassano Ltd. (20 January 1920), courtesy of National Portrait Gallery, London ©.

One month after the academics announced the foundation of the Anglo-Spanish Society in *The Times*, the Oxford branch was officially founded. Various professors and fellows held a meeting at Balliol College to appoint an Executive Committee. This Oxonian group was engaged with the creation of the Anglo-Spanish Society at a national level. They chose Captain Christopher Sandeman to instigate the foundation of the general headquarters in London.[17]

## 2.2. The foundation of the General Headquarters

Once the Oxford branch of the Anglo-Spanish Society had been established, the next stage of the process for founding this association at a national level took place in London. On 15 November 1916, a meeting was held

---

17 The list of members is held in the ULKCA: ASS KAS/AC2/F354. Captain Christopher Sandeman was a British adventurer who wrote some books on Botany (e.g. *Thyme and Bergamot*). Perhaps he was included in the Committee because he had travelled around Latin America. See: "MR. C. A. W. Sandeman", *The Times*, 1 May, 1951, 6.

in the St Ermin's Hotel of Westminster. Key figures from leading British universities attended. Among them were the Master of Christ's College Cambridge, the Vice-Chancellor of Liverpool University and the Principal of King's College London. Several professors were also invited, such as Arthur Grant, Leon Kastner, Wilfrid Martineau and William Ker. Three fellows of Balliol College (Edward Hilliard, Henry Davies and Francis Urquhart) represented the Oxford branch. Professor John William Mackail acted as delegate of the Board of Education. In total, the attendance reached 20 people.[18]

The objective of the meeting was to coordinate efforts to set up the general headquarters of the Society to "secure a simultaneous and uniform national movement and action". Those twenty delegates appointed a Preliminary committee "to take steps to constitute the Society" in London. This group was created by Henry Davies, William Ker, Edward Hilliard, James Fitzmaurice-Kelly, Captain Sandeman, Manuel Bidwell and Ronald Burrows. Ker suggested inviting Israel Gollancz to join the committee as Honorary Secretary. He accepted and became the main organiser of the institution.[19]

Israel Gollancz was the Chair of English Language and Literature at King's College London, having been appointed in 1905. He knew how to gain the respect of the London academic community, where he was affectionately known as "Golly" and recognised as an expert in Shakespeare. Undoubtedly, the Anglo-Spanish Committee took his academic prestige into account when they offered him the position of Honorary Secretary, but more than this, they would have valued his

18 Arthur James Grant (1862–1948) was Professor of History at the University of Leeds. Leon E. Kastner was Professor of French language and literature at the University of Manchester. Wilfrid Martineau (1889–1964) played a role of delegate of the University of Birmingham in that meeting. William Paton Ker (1855–1923) was Professor of English literature at the University College London. Francis F. Urquhart (1868–1934) was a very important fellow at Balliol College, Oxford. Henry William Carless Davies (1874–1928) was lecturer in History at the University of Oxford. In the course of the Great War, Davies worked for the Government's intelligence services. See: J. R. H. Weaver, "Davis, Henry William Carless (1874–1928)", *Oxford Dictionary of National Biography* (Oxford, OUP, 2004). Mackay wrote a report (8 March 1917) about this meeting. AASS.

19 "Minute (8 March 1917)", *Minute Book, 1919–1921*, 6–7. AASS. Manuel Bidwell (1872–1930) was born in Palma de Mallorca (Spain). After he studied at Paris, he went to King's College London and Accademia dei Nobili Ecclesiastici (Rome). In 1917, he was named Bishop Auxiliary to the Cardinal of Westminster and Bishop of Miletopolis. See: "Mgr. M. J. Bidwell", *The Times*, 12 July, 1930, 14.

involvement in the governmental plan to introduce Spanish language teaching in British education, a plan which took advantage of this important literary anniversary.[20]

In 1916, the 3rd centenary of Shakespeare and Cervantes' deaths were celebrated. This anniversary served as an excuse for improving British-Spanish relations. The press contributed to this commemoration, through the publication of telegrams between the Spanish and British monarchs. On 24 April 2016, *The Times* published a telegram that George V had sent to the Spanish King, Alfonso XIII:

> I heartily thank you and the Queen for your message. We are glad to be celebrating the two great literary glories of Spain and England, another happy tie between our two nations.[21]

Among the initiatives taken to celebrate the 3rd centenary, the most long-lasting was the foundation of the Cervantes Chair of Spanish Language and Literature at King's College London. Gollancz was the principal promoter of this professorship, the creation of which was a clear example of the British Government's policy to encourage the learning of Spanish. It was thought that this language would be useful in the world of business with Spanish America. Politicians and entrepreneurs began to support initiatives to promote the teaching of Spanish all over Great Britain. One of the missions of the Society, which emerged in this context of literary commemoration, was to encourage the study of the Spanish language in the UK.

A coincidence in time and location meant that members of the committee organising the general headquarters of the Anglo-Spanish

---

20  Israel Gollancz (1863–1930) was the youngest son of Rev. S. M. Gollancz and brother of Professor Hermann Gollancz. He was educated at City of London School and University College London in the late 19th Century. He played a role of lecturer at University College London from 1892 to 1895. He also went to Christ's College Cambridge. In 1896, he became the first lecturer of English at Cambridge, where he instigated the foundation of the School of English. In 1905, he was appointed Professor of English Language and Literature at King's College London. Besides teaching at the University of London, he wrote very important works on English literature (e.g. *The Sources of Hamlet* in 1926). During the Great War, Gollancz contributed to the foundation of the Cervantes Chair of Spanish and the Camoens Chair of Portuguese at King's College London. He was elected member of the Spanish Royal Academy in 1919. He was invested Knight and became member of the Medieval Academy of America. See: "Sir Israel Gollancz. Early and Middle English", *The Times*, 24 June, 1930, 16.

21  "The King and The Literary Tercentenary".

Society also collaborated with those who were setting up the Chair of Spanish at King's College London. In addition to Israel Gollancz, the first Cervantes Professor, James Fitzmaurice-Kelly, participated in both projects. But, this duality soon raised suspicions about the real engagement of those who took part in both initiatives. The then Spanish Ambassador to the UK, Alfonso Merry del Val, was reluctant to be involved in the Society until the professorship had been established definitely. In January 1917, Ronald Burrows, Principal of King's College London, sent a letter to Merry del Val asking him for his thoughts:

> At the present moment they have appointed Professor Gollancz Honorary Secretary, and are very anxious in every way to work with our Committee and incorporate as many as possible of its leading members in one capacity or another. They informed me at the last meeting of the Sub-Committee that you were reluctant to associate yourself with the Society till the Cervantes Committee is wound up.[22]

Despite his initial reluctance, Merry del Val finally agreed to participate in the creation of the general headquarters as Honorary President. Since 1916, this position has been reserved for the Spanish Ambassador to the UK. While some had their doubts about the simultaneous realisation of both projects, this synchrony had positive results. The foundation of the Cervantes Chair led some professors and academic authorities at King's College London to join the Anglo-Spanish Society, which held its first meetings at the university.[23]

As mentioned earlier, the Preliminary committee which was appointed in the meeting at St Ermin's Hotel was formed by a great number of scholars. King's College London was well represented with two professors, Ronald Burrows and Israel Gollancz, serving as Chairman and

22 Letter from Burrows to Merry del Val (20 January 1917). ULKCA: KAP/BUR 164. Spanish, General, 1915–1918.

23 Alfonso Merry del Val Zulueta (1864–1943) was the son of Rafael Merry del Val Gaye (1831–1917), a diplomat who was member of an Irish family settled in Seville since the 18th Century, and Sofía Josefa Zulueta Willcox (1831–1917), who had Scottish backgrounds. Alfonso was born in London, but he studied at Beaumont College, a Jesuit boarding school in Berkshire (England). He was personal assistant of the King Alfonso XIII, Minister Plenipotentiary to Tangier and Brussels, and Spanish Ambassador to the UK from 1913 to 1931. See: "Necrológicas. El marqués de Merry del Val", *ABC,* 26 May, 1944, 12; and Bernardo Rodríguez Caparrini, "Algunos españoles en el internado jesuita de Beaumont (Old Windsor, Inglaterra), 1874–1880", *Miscelánea Comillas,* 70/136 (2012), 241–264.

**Professor Ronald
Montagu Burrows
(1867–1920).**

Photo: Courtesy of
King's College London
Archives ©.

Honorary Secretary, respectively. Burrows, who had been organiser of the
Anglo-Hellenic League in 1913, played a particularly significant role in
this committee. Members of the Foreign Office requested a copy of the
Hellenic association's constitution in order to use it as example. In this
way he became a mediator between the association and British diplomatic
authorities.[24]

In 1917, both Burrows and Gollancz sought businessmen who could
support the Society. In April of that year, they appointed a provisional
Executive Committee, which consisted of the organising group and
other figures, such as Alfonso Merry del Val, John Glynn (secretary of
the Society's Liverpool Branch) and Maurice de Bunsen (former British

---

24  Ronald Montagu Burrows (1867–1920) was born in Rugby. He was educated at
Charterhouse and Oxford. He became an expert in Hellenic culture. He was auxiliary
lecturer in Greek at the University of Glasgow, but became professor of Greek at
University College Cardiff in 1898. In 1908, he was appointed Chair of Greek at the
University of Manchester. In 1913, he was named Principal of King's College London.
See: "Death of Dr. Burrows", *The Times,* 17 May, 1920, 16. Harold Nicolson required
the above-quoted reports to Burrows, through a letter (18 December 1917). ULKCA:
KAP/BUR 165 Anglo-Spanish Society.

Ambassador to Madrid). Interestingly, the Chairmanship was offered to Lord Latymer, whose letter had set in motion the founding of the Anglo-Spanish Society. He accepted immediately, and under his leadership the Executive Committee members began to organise the association's final structure.[25]

The Society had two levels of governance: the Executive Committee and the General Council. The first managed the day-to-day organisation of the Society and the second was an advisory council that met annually to agree upon guidelines and action plans, and to approve the daily management. Lord Latymer was the Chairman of both committees, but the secretaries, Mackay and Gollancz, were the real leaders. Latin American diplomats, British politicians, prestigious scholars, delegates of the Foreign Office's Intelligence and War services, and businessmen were invited to join the association.[26]

Despite this initial progress, the process of organising the Society took a long time, and it was exasperating for some of those involved. In December 1917, Burrows sent a letter of complaint to Harold Nicolson, the person in charge of South European issues at the Foreign Office. The Principal of King's College London complained to Nicolson about Mackay's inefficiency, which, according to Burrows, was causing the delays:

> I enclose the officers, objects etc. of the Anglo-Spanish Society, from which you will see that it is extremely important on paper.

25  List of members of the Provisional Executive Committee. ULKCA: KAP/BUR 165 Anglo-Spanish Society. Maurice de Bunsen (1852–1932) was educated at Rugby and Christ Church College, Oxford, where he graduated in 1874. He entered diplomatic services in 1877. He played different diplomatic roles in Tokyo, Paris and Lisbon. From 1906 to 1913, he was British Ambassador to Madrid. In 1913, he became Ambassador to Vienna. See: R. R., "Obituary: Sir Maurice de Bunsen", *The Geographical Journal*, 79/4, April, 1932, 348–349.

26  In his letter to the Editor of *The Times*, Mackay pointed out: "The vice-presidents of the society include the Prime Minister, Mr Balfour, Cardinal Bourne, the Secretary for Scotland, the President of the Board of Trade, Sir Alfred Mond, Lords Milner, Robert Cecil, Aldenham, Burnham, Carnock, Cowdray, and Glenconner. The honorary president is the Spanish Ambassador to London, and the president the British Ambassador to Madrid. The Chilean, Bolivian, Colombian, and Cuban Ministers are hon. Vice-presidents. The society is also supported by Lord Latymer as chairman of the General Council; Sir Maurice de Bunsen, Professor FitzMaurice Kelly, Earl Percy, Lord Leverhulme, the Directors of National Collections, and the Directors of Intelligence of the Foreign Office and the War Office". John Mackay, "The Anglo-Spanish Society. To the Editor of the Times", *The Times*, 5 September, 1917. ULKCA: KAP/BUR 165 Anglo-Spanish Society.

The fact that it has not as yet done anything more is due, as I told you privately, to the quite appalling ineptitude of J. M. Mackay; the honorary organising Secretary, who wraps everything round in endless reams of Red Tape! I hope, however, that with the help of Professor Gollancz we are at last within reach of doing something.[27]

Burrows' complaints were addressed to a member of the Foreign Office, precisely because he knew that Mackay was working for the Intelligence services. Harold Nicolson was the intermediary between the association and the Foreign Office, where special attention was increasingly being paid to Spanish-speaking countries in the Great War. Evidence of this interest can be found in British diplomatic correspondence during the conflict. On 12 August 1918, the banker and conservative politician Charles Eric Hambro, who worked at the Ministry of Information, sent a letter to Percy Loraine, who was the Foreign Office secretary for Spain. In this letter, Hambro conveyed his thoughts about the Hispanic World:

Things seem to be moving in Spain, and with a little extra pressure, I should not be surprised to see the Spanish Government break with the Germans, at any rate, break so far as diplomatic relations are concerned. The offensive in the West is the best kind of Propaganda we can have (...). If we can only influence the opinion of that country [he means Spain], we shall have gone a great way to alter the opinion of the Argentines and the Chileans.[28]

Their plan included the foundation of a "Commercial Bureau" in Spain to promote British culture and the Allied cause. This project appears to

---

27 Letter from Burrows to Nicolson (22 December 1917). ULKCA: KAP/BUR 165 Anglo-Spanish Society. Harold George Nicolson (1886–1968) was the son of Arthur Nicolson, first Baron Carnock. Following in his father's footsteps, Harold worked as diplomat, after he studied at Balliol College Oxford. During his first appointment, he was attached to the Spanish Embassy in Madrid, where he worked from February to September of 1911. He was part of the British delegation in Constantinople, but in 1914 Nicolson came back to London to work at the Foreign Office. In London, he was in charge of British relations with Southern European. He focused on Spain and Greece, getting in touch with people as, for instance, Burrows. After Great War, he paid more attention to Greece, Eastern Europe and the Middle East. See: T. G. Otte, "Harold George Nicolson (1886–1968)", *Oxford Dictionary of National Biography*, (Oxford, OUP, 2004): http://www.oxforddnb.com/view/printable/35239 [30/07/2014].

28 The National Archives of the United Kingdom, FO 1011/117. Letter (12 August 1918).

have been forgotten at the end of the Great War, but, after a few years, the
"Comité Hispano-Inglés" was established at the "Residencia de Estudiantes"
in Madrid to complete that mission. The Anglo-Spanish Society became
a key component of the British diplomatic services for Spanish-speaking
countries, but never implemented a propaganda campaign outside Great
Britain. In wartime, however, the association informed British authorities
about the social-political situation in Spain. When José Castillejo, who
was secretary of the Spanish Council for Advanced Studies (Junta para
Ampliación de Estudios), went to London in 1917, he realised there was
"a great anxiety and curiosity" about Spanish issues. The question which
seemed to summarise the cause of this interest was: "What is Spain going
to do after the Great War?"[29]

In order to try to address this question, the Anglo-Spanish Society
scheduled several lectures designed to inform the British public about
the realities of daily life in Spain. However, it was thought that these
events could provoke problems with Spanish diplomacy, so Burrows wrote
another letter to Nicolson, his contact in the Foreign Office. In this letter
he explained the new structure of the association and asked for advice on
how to deal with political issues in a way which would avoid upsetting
Merry del Val, the Honorary President:

> One sub-Committee has been formed for developing the literary and
> educational side, and another the financial and commercial side, and
> meetings will, I hope, be held early next year. I trust that among
> these meetings will be included some which, without taking a side in
> Spanish politics, will tell us something about them. The fact, however,
> that the Spanish Ambassador is Honorary President makes this side
> of the matter rather difficult. If, however, the Foreign Office would
> give a suggestion on the point, it would be much easier to carry it
> through...[30]

As Burrows explained in his letter, the Society was shaped through
two sections, which had to pursue different objectives. In October 1917,
they created a sub-committee for literary and educational issues, and
another for financial and commercial purposes. Members discussed
the possible creation of a third one for social relations, but in 1918 the
Economic sub-committee eventually took charge of these functions,

29 David Castillejo, *Los intelectuales reformadores de España. Epistolario de José
Catillejo. Tomo III: Fatalidad y porvenir, 1913–1937* (Madrid, Castalia, 1999) 334.
30 Letter from Burrows to Nicolson. ULKCA: KAP/BUR 165 Anglo-Spanish
Society.

becoming the London Social and Economic Section of the Anglo-Spanish Society.[31]

The Economic sub-committee thus became the largest. Among its members were British companies who had business operations in Spain and Latin America, such as Robert Graham (Buenos Aires Western Railway) and Ernest B. Sansome (Spanish Naval Construction Company). Bankers (e. g. David Burns of the Banco de Chile), writers (e.g. William Henry Koebel), delegates of Chambers of Commerce (e.g. W. Murray Ellis), diplomats (e.g. the Spanish Consul General in London) and John Mackay also worked for this section, which brought together those who were involved in British links with Spanish-speaking countries.[32]

In contrast, the London Literature and Education Section had only seven members: Manuel Bidwell, Luis Bolín, William Ker, Ramiro de Maeztu, Captain Sandeman, Julián Martínez Villasante and José Plá. The section was also composed of the committees of Oxford and Cambridge, which planned cultural events for their respective branches. These seven members focused primarily on London, but judging by the great number of pedagogical projects, lectures and meetings organised, their work was intense and productive.[33]

31 This section was founded in a meeting of the Executive Committee (30 October 1917). The Social and Economic Section was created on 25 November 1918. *Minute Book*, 1919–1921. AASS.

32 Anglo-Spanish Society, *Report and Transactions of the Anglo-Spanish Society of the British empire and Spanish-speaking countries*, (London, Adlard and son and West Newman, 1920), 8–10. David Burns was the paternal grandfather of Jimmy Burns Marañón, appointed Chairman of the British-Spanish Society in 2013.

33 Anglo-Spanish Society, *Report and Transactions*, 11. Julián Martínez Villasante and José Plá were lecturers at the Department of Spanish at King's College London. Martínez Villasante (1876–1946) was born in Madrid and was educated at the Escolapios' school. He went to the Universities of Madrid and Santiago de Compostela. After he graduated in Law, he moved to England and married Mary Murphy. From 1909 to 1917, he taught Spanish at the University of Cambridge. Since 1913, he also taught Spanish language and literature at King's College London, where he worked until he became retired. See: "Dr. J. Martinez-Villasante y Navarro", *The Times*, 2 January, 1946, 6. José Plá was Assistant Lecturer in Spanish at King's College London from 1916 to 1921. Plá was also secretary of the London Literature and Education Section of the Anglo-Spanish Society. See: King's College London, "Annual Report of the delegacy for the session 1920–1921", *Calendar for 1922–1923*, (London, Richard Clay and Sons, 1922), 239–276. Luis Antonio Bolín (1894–1969) was nephew of Manuel Bidwell. In that period, he was still a student. However, he was correspondent in London for ABC, at the end of the 1920s. In 1936, Bolín became popular because he helped to organise Francisco Franco's flight from Canary Islands

Each sub-committee pursued one of two main aims of the Society: the promotion of Spanish language and culture in Great Britain, and the development of British trade with Latin America. The association had eight objectives, which could be summarised in the above-mentioned purposes. Members of the Society worked from the outset to accomplish this double mission and scheduled events from December 1917 onwards, now that the structure of the general headquarters was secure enough to allow for this.[34]

However, the work of Mackay and other members went beyond London. Their idea was for the Anglo-Spanish Society to have as many branches as possible in British cities. To reach different parts of the UK, provincial delegations were founded all over Great Britain, which were usually associated to universities. Consequently, they invariably focused on the teaching of Spanish language and culture in the UK. Thanks to this, the Society's work acted at a national level through these branches and had a significant impact on the British education system.

## 2.3. The expansion:
## Local branches of the Anglo-Spanish Society

It is clear that the branches of the Anglo-Spanish Society in different parts of the UK played a key role in the association's history and in the British education. The Oxford branch was set up before the general headquarters were established in London. This fact sparked an internal debate to ascertain how the Society could be organised at a national level. In 1917, the London Executive Committee encouraged the General Council to make a decision about the hierarchical structure, which included the association's provincial units. They wanted to clarify the status of the London branch to decide whether it should be defined as the main centre of the Society in Great Britain or simply, as another constituent. Finally, the General Council agreed to declare London the head office, but the local branches kept a high degree of autonomy and self-government.[35]

Therefore, the London branch took responsibility for the Society's coordination, because its members were in direct contact with the diplomatic authorities. In these early stages, the general headquarters

---

to the north of Morocco on 18 July. See: *ABC*, 9 October, 1974, 48. Ramiro de Maeztu (1874–1936) lived in London in the early 20th Century, working as correspondent for different Spanish newspapers.

34 Anglo-Spanish Society, *Report and Transactions*, 3–4.

35 "General Council's minute (16 July 1917)". *Minute Book*, 1919–1921. AASS.

became the intermediary between the Foreign Office and the regional constituents of the Society. Nevertheless, the interest shown by the British government in Spanish-speaking countries during the Great War was reduced in the post-war period. Peacetime had changed the national and international political climate. Thus, the head office in London began to lose governmental support and, consequently, the provincial branches became more independent. However, there were many links among the units, especially in the beginning. In the early days of the Society, all the branches worked together and frequently shared lecturers and information.

As mentioned previously, the first constituent of this association was set up at Oxford University, where Mackay found enough support to pursue his project. On 22 October 1916, a meeting was held at the Balliol College to officially create the Oxford branch of the Anglo-Spanish Society. They agreed to appoint a committee which consisted of diplomats and members of different universities. However, the branch was dominated by Oxonian fellows. The first Chairman was Herbert Warren, from Magdalen College, and the honorary secretary was held by Edward Hilliard, fellow at Balliol College. Furthermore, due to his work promoting Spanish language teaching, the branch supported Fernando de Arteaga, Lecturer of Spanish at Oxford, and enabled him to play a central role in the Society.[36]

The first branch had a clear focus on education. Members explored how to promote Spanish Studies at Oxford University, where so few students were learning Spanish. The association and Fernando de Arteaga made some proposals to the Faculty of Modern and Medieval Languages. They

36 *Minute Book*, 1919–1921. AASS. Herbert Warren (1853–1930) was the son of Algernon William Warren, a businessman from Bristol. In 1878, Herbert was elected fellow at Magdalen College, Oxford. He was president of that college from 1885 to 1928. See: "Sir Herbert Warren. A great Oxford Head", *The Times,* 10 June, 1930, 14. Edward Hilliard (1867–1940) was the son of Captain George Hillard of Uxbridge. Edward was educated at Malvern College and at Magdalen College, Oxford. In 1905, he was named Fellow Lecturer in Law and Estates Bursar of Balliol College. After his appointment, he played a relevant role in the academic life of Balliol College and took part in different University committees, becoming an important figure of Oxford University. See: "Mr. Edward Hilliard. Late Senior Bursar of Balliol", *The Times,* 22 June, 1940, 2. Fernando de Arteaga y Pereira (1851–1934) arrived to England in 1890, because he was hired by the commercial firm Delfín and Sánchez, but the financial problems of the company forced him to seek for a new job. He worked as a private tutor in Spanish in London. In 1894, he was appointed to replace Henry Butler Clarke as Taylorian Teacher in Spanish. He worked at Oxford until his retirement. In 1904, he was named lecturer in Spanish and Italian at the University of Birmingham, where he worked until 1921. See: "Death of Professor F. De Arteaga", *The Times,* 19 February, 1934, 14.

suggested the implementation of a certificate to validate the students' level of Spanish, and they recommended the provision of travel scholarship to allow students to visit Spanish-speaking countries. At the same time they aspired to introduce a subject on the history of Spain as part of the Faculty of Modern History's curricula. Lastly, they contacted the "Delegacy for the Extension of Teaching beyond the limits of the University" in order to schedule lectures about Spanish art, literature and history.[37]

In spite of their efforts, the results were not promising in the beginning. They had to wait until the end of the Great War for the academic authorities to agree to improve the teaching of Spanish language, which was already taught in other British universities. The first step was to name Antonio Rodríguez Pastor as Junior Lecturer in Spanish in 1920, but he resigned after one year. To replace him, Oxonian authorities appointed George Alfred Kolkhorst, the son of a businessman who worked with the Iberian peninsula and Latin America. Having spent his childhood in Chile and Portugal, Kolkhorst had learnt Spanish and Portuguese. His knowledge of both languages was very useful for Arteaga and the small Spanish department at Oxford.[38]

Since 1916, Arteaga and the Oxonian branch had made many requests to develop Spanish teaching at Oxford, but with little success. After the Great War, however, students who wanted to learn Spanish could apply for different grants: the De Osma studentship, the Laming Scholarship, the Pope Exhibition for Spanish or the Esme Howard scholarship. Nevertheless, these grants were provided by philanthropists and external organisations, and the academic authorities only managed them. Although Spanish language learning had improved at Oxford University, it was not considered as a serious subject in the early 1920s.

Faced with this situation, the general headquarters of the Society decided to act, setting up a Chair of Spanish at Oxford University. On 13 December 1922, the London Executive Committee held a meeting in which Charles Bedford, a military doctor, proposed to create this Professorship. Many members supported the project and helped to raise the necessary

37 *The Oxford Branch of the Anglo-Spanish Society* (8 November 1916). ULKC: KAP/ BUR 165 Anglo-Spanish Society.

38 Antonio Rodríguez Pastor (1894–1971) was member of a Spanish family who owned an important bank: Banco Pastor. He had gone at the University of Madrid, but, in 1916, he was awarded a scholarship to study at Oxford University, where, after getting a Bachelor of Letters, he was appointed Taylorian Lecturer in Spanish. In 1921, he replaced Fitzmaurice-Kelly as head of the Department of Spanish at King's College London. See: "Don Antonio Pastor", *The Times*, 20 December, 1971, 12; and "Mr. G. A. Kolkhorst. Gifted teacher of Spanish", *The Times*, 16 September, 1958, 10.

funds. The King Alfonso XIII Professorship of Spanish Literature was established officially in 1927. The first occupant of the position was Salvador Madariaga, who had doubts about the Bedford's good intention:

> Soon, I realised (…) that Alfonso XIII nor the Spanish government had donated any penny for the Chair, which was mainly endorsed by a Chilean press magnate who had Welsh-Jewish name and backgrounds [he meant Agustín Edwards Mac-Clure, member of the Anglo-Spanish Society]. The idea to crown the Chair was due to Bedford, who was an English military doctor who knew nothing about Spanish language and was just interested in showing off a Great Cross – that he got.[39]

Irrespective of whatever his intentions were, the new Chair was part of a wider project to promote close academic and scientific relations between Spain and Great Britain. This plan consisted of many initiatives. Organisations like the Anglo-Spanish Society and several political authorities were involved in this diplomatic rapprochement. Bedford explained the details in an interview:

---

39 Ian Michael, "Afterword: Spanish at Oxford, 1595–1998", *Bulletin of Hispanic Studies*, LXXVI/1 (1999), 173–193. See: "Minute (13 December 1922)", *Minute Book, 1919–1921*, 36. AASS. Agustín Edwards Mac-Clure (1878–1941) was a Chilean diplomat and founder of several newspapers. He was named a Minister Plenipotentiary to London in 1910. He was also Chilean Ambassador to London from 1935 to 1940. He supported a great number of projects to promote the British-Spanish relations. He was member of the Anglo-Spanish Society and donated great endowments to found Chairs of Spanish at different English universities. See: "Obituaries. Don Agustin Edwards", *The Times*, 24 June, 1941, 7. Salvador de Madariaga (1886–1978) was a Spanish diplomat and writer who, despite he was educated as engineer, focused on arts and humanities. Before becoming Professor at Oxford, he collaborated with different Spanish and English newspapers, and he worked for the Secretary of the League of Nations in the early 1920s. He never showed interest in teaching, according to his memoirs. For this reason, he resigned from his Chair at Oxford in 1931, and he was appointed Spanish Ambassador to the United States. Madariaga was also Ambassador to Paris and took part in the League of Nations, one more time. Moreover, he was also MP and Minister of Education and Justice during the Second Spanish Republic. After the outbreak of the Spanish Civil War, he went into exile in the UK. He lived in Oxford, where usually gave lectures and collaborated with the Spanish department. He also took part in the creation of the College of Europe in 1949. After the death of Franco in 1975, he returned to Spain, but he died a few years later. See: http://www.madariaga.org/about-us/origins [01/08/2014]. Further information: Salvador de Madariaga, *Memorias, 1921–1936. Amanecer sin mediodía*, (Madrid, Espasa-Calpe, 1974), 227–229.

We are holding back meanwhile [...] a movement for the co-ordination of Spanish studies [...] in various British Universities and appropriate teaching centres. On the completion of the Oxford endowment depends also the action of the Spanish Government in actively developing the teaching of English throughout Spain and inaugurating a Chair of English at Madrid University.[40]

The Anglo-Spanish Society participated in this project as an important agent for the cause in Britain, where it was creating delegations at other universities. Before the end of the Great War, another branch of the association was attached to the new department of Spanish at Cambridge. Many years later, John William Barker recognised how much the Society had done to promote the teaching of Spanish at Cambridge University:

An adjunct of the Spanish Department possessing more than usual interest is the Cambridge Spanish Society. In December 1917 the then Vice-Chancellor, Dr A[rthur] E[verett] Shipley, Master of Christ's College, presided at the inaugural meeting of the Cambridge branch of the Anglo-Spanish Society. He remained President until his death. Dr H[ugh] F[raser] Stewart was the first secretary. Of the original fifty Cambridge residents who were members, twenty-three are still in residence [1933]. It is interesting to note that only one member of the new society was a teacher of Spanish. After the War it became (nominally) a student organisation and has had a colourful history which cannot be related here...[41]

This branch focused on improving the teaching of Spanish at Cambridge, where the language had been intermittently taught as a second rate subject since the early 20th Century. During the Great War, the Cambridge Spanish Society, as this branch was usually known, fostered the enthusiasm of students for Spanish culture through the organisation of events. Using the funds provided by members of the London headquarters (e.g. Agustín Edwards Mac-Clure) and the support of the branch, they were able to

40 "Spanish Studies: The New Department at Oxford King Alfonso's visit", *The Observer* (27 June 1926).

41 J. W. Barker, "Spanish studies at Cambridge since the war", *Bulletin of Spanish Studies*, X/40 (1933), 197–202. Arthur Everett Shipley (1861–1927) was elected a fellow in Natural Science at Christ's College Cambridge. From 1917 to 1919, he was Vice-Chancellor of the University of Cambridge. See: *The Times*, 23 December, 1927. Hugh Fraser Stewart (1863–1948) was fellow, Dean and lecturer at St. John's College Cambridge. He was also Reader in French at Cambridge University since 1922. See: "Hugh Fraser Stewart (1863–1948)", *French Studies*, II/3 (1948), 289–290.

establish a School of Spanish at the University of Cambridge. In 1919, Frederick Alexander Kirkpatrick (Trinity College) was appointed Reader and he led the new School.[42]

The Cambridge Spanish Society scheduled many public lectures, which were frequently focused on Latin American history and culture. The first speaker was Agustín Edwards, who gave a speech on 19 November 1919. He was a Chilean diplomat and spoke about the relations between Great Britain and Spanish speaking countries. He highlighted that the knowledge of Spanish language was very useful to trade with those nations, giving recognition of the Society's efforts to support Spanish Studies at Cambridge:

> It is a great honour for me to come at Cambridge in order to start the meetings of the Anglo-Spanish Society, and I could not leave without speaking in my mother tongue [this text was in Spanish, but it has been translated for a better understanding] for showing my appreciation to a University that has set up a Chair to teach my language [the Chair was not established until 1933 and he should mean a Readership], to the Society for making efforts to spread this language, and, finally, (…), to my old friend Dr Shipley, who, for a long time, has been aware how important is this movement.[43]

The new department and the branch of the Society worked together to promote the understanding of Spanish language and culture at the University of Cambridge. This collaboration was very close during the post-war period. Members of the School staff participated actively in the Society. For instance, Kirkpatrick was elected as Honorary Secretary and led the organisation in the 1920s. Additionally, the Spanish school contributed money for the Society's events, which served as complementary learning for Cambridge undergraduates.

Besides Oxford and Cambridge, the Anglo-Spanish Society also had a branch at the University of Liverpool, which was a leading centre for Spanish Studies in the UK. In 1908, a Chair of Spanish language and literature was established at the university, thanks to an endowment by Captain George Gilmour, who described himself as a "merchant" and "*estanciero*" (farmer) of Birkenhead who had done business in Argentina for 30 years. The Gilmour Chair, the first one of Spanish in England, was held by Fitzmaurice-Kelly, who, however, resigned from this position after being appointed Cervantes Professor at King's College London.[44]

42  Frederick Alexander Kirkpatrick (1861–1953) was born in Celbridge (Ireland).
43  Agustín Edwards, "Lecture" in *Report and Transactions*, 17–30.
44  Archive of the University of Liverpool: Gilmour Chair of Spanish: P5/3.

His resignation was a problem for those (including Mackay) who managed the Liverpool Branch of the Society. From 1916, there was much less emphasis on Spanish language teaching at the University of Liverpool. In 1917, however, some local merchants and businessmen held a couple of meetings to create a local delegation of the Society. Max Muspratt, Mayor of Liverpool, was elected Chairman, with John Glynn, an entrepreneur, appointed Honorary Secretary. J. Hope-Simpson, a banker, became the treasurer.[45]

The life of this branch was short, and it was unable to schedule any activities during the Great War. At the beginning of 1920, the main members sent a letter to the London headquarters to explain that they were facing a critical situation and, consequently, suggesting a series of changes to the structure. The London Executive Council sent John Mackay to Liverpool, but he could not do anything to prevent the collapse. In the end, the branch was dissolved and its members joined the Liverpool Latin-American Chamber of Commerce.[46]

Despite this failure, there was a second attempt to set up the Liverpool branch of the Anglo-Spanish Society. In late 1920, Edgar Allison Peers, who was appointed lecturer of Spanish at the University of Liverpool after the Great War, wrote a letter to the London Executive Committee to suggest the reorganisation of a similar association on the banks of the Mersey. The trustees encouraged him to contact the members of the Liverpool Latin-American Chamber of Commerce. It is not known exactly what Peers did, but he was not able to create an association at that time. Nonetheless, in 1934, the idea was revived when he founded the Liverpool

45 This information can be found in a list of members held in the ULKCA: ASS KAS/AC2/F354. Max Muspratt (1872–1934) was a Liverpudlian businessman who inherited a family firm (the United Alkali works), which joined the Imperial Chemical Industries. He had gone to Clifton College and Zurich Polytechnic, where "he was the first Englishman to obtain the Swiss Government diploma in industrial chemistry". He went into business in the chemical industry. During the Great War, he worked for the Ministry of Munitions. In recognition of his services, he was named Baronet in 1922. He was also leader of the Liberal Party on Merseyside, Lord Major of Liverpool from 1916 to 1917, and member of local institutions as, for instance, the Liverpool University Council. See: "Sir Max Muspratt", *The Times*, 21 April, 1934, 12. Two meetings were held in the Liverpool City Hall to create a Branch of the Anglo-Spanish Society on 5 June and 25 October 1917. During these meetings, an Executive Committee was elected, but there is no evidence of anything else. It seems that Mackay attended these meetings. John Mackay, *The Anglo-Spanish Society, Hon. Organising Secretary's General Report, Oct 28th, 1919*, 4. AASS.

46 "Minute (24 March 1920)", *Minute Book*, 1919–1921. AASS.

Hispanic Society, which reached the impressive figure of 1,560 members in three years.[47]

Many years afterwards, a branch of the Anglo-Spanish Society was created in the north of England. Florence Doyle-Davidson and Lord St Oswald were the founders of the branch, which was located in Leeds. She had studied Spanish at King's College London and had joined the London headquarters in 1924. In the late 1960s and in the early 1970s, she held the position of Chair of the Northern Branch, which had a section in the Society's journal.[48]

In addition to these branches, there were some corporations that were founded independently, but became part of the Anglo-Spanish Society or collaborated with the London headquarters, due to the fact that they shared the same purpose and ideas. In October 1918, Mackay went to Glasgow to support the creation of the Spanish Society of Scotland. This new association aspired to be autonomous and have a local identity, but at the same time it was affiliated with the Anglo-Spanish Society and was in contact with the Foreign Office. The Scottish association was established in Glasgow and Edinburgh. In 1920, the Glasgow office had 200 members and, whereas the Edinburgh office had 90. After a few years, two smaller branches of the Society of Scotland were established in Aberdeen and Dundee. The Scottish association set up the general headquarters at no. 1 Blythswood Square, Glasgow, thanks to endowments by companies who had business interests in Spain and Latin America.[49]

---

47 "Minute (4 November 1920)", *Minute Book*, 1919–1921, 176 y 177. AASS. See also: Editor, "Institute of Hispanic Studies", *The Times,* 3 October, 1936, 9; y Editor, "Second Best-known language", *The Times*, 10 October, 1934, 8. Edgar Allison Peers (1891–1952) was the most prestigious British hispanist in the first half of the 20th Century. He went to the University of Cambridge and, after his graduation, taught modern foreign languages in some English schools. In 1919, he was appointed lecturer of Spanish at the University of Liverpool, where he became the second holder of the Gilmour Chair of Spanish in 1922. During those years, he founded the Liverpool Summer School of Spanish, the *Bulletin of Spanish Studies* and the Institute of Hispanic Studies. But, about all, the Liverpool Department of Spanish became the most important one in England. He trained the main British hispanists of the second half of the 20th Century, such as Jack Metford or Reginald F. Brown. See: E. A. Peers, *Redbrick University Revisited, The Autobiography of "Bruce Truscot"*, Edited by Ann L. Mackenzie and Adrian R. Allan (Liverpool, LUP, 1996), 121–122 and 156.

48 "Anglo-Spanish News", *The Anglo-Spanish Society Quarterly Review*, 70 (January–February 1969), 24. See also: "Annual Dinner at the Inn on the Park", *The Anglo-Spanish Society Quarterly Review*, 125 (Summer 1983), 10–11.

49 ULKCA: KAS/AC2/F354. Anglo-Spanish Society, *Report and Transactions...*, 20.

One of the main objectives of the Scottish Society was to promote Spanish culture in the north of Great Britain. Accordingly, they collaborated with the Scottish Chambers of Commerce to organise lectures and exhibitions. Furthermore, the Society implemented a scholarship scheme for students and teachers who wanted to study at Spanish universities. The University of Glasgow benefited from the association, which launched a fund-raising campaign to create a professorship of Spanish language and literature. In the end, this project was feasible, thanks to financing by Daniel Macaulay Stevenson. The Stevenson Chair of Spanish was established in 1924. The headquarters of the Anglo-Spanish Society sent a letter of thanks to Stevenson for his contribution.[50]

Before the establishment of this professorship in Glasgow, a lectureship in Spanish had been established at the University of Edinburgh in 1919. The first occupant of the role was Baldomero Sanín Cano, who was a Colombian correspondent of the Argentinian newspaper *La Nación* and collaborator of the Society's central headquarters. This lectureship was founded thanks to a donation by D. M. Forber. The branches of the Spanish Society of Scotland had also made an appeal for the funding this position.[51]

Besides the support given to the Scottish universities, the association planned a programme of events designed to appeal to a large audience. On Mondays and Wednesdays, Spanish classes were given at the Glasgow office. These lessons focused on literary and commercial uses of language. The number of students increased quickly, from 8 to 80 pupils. On Tuesdays, meetings for Spanish conversation were held, and a group of members discussed literature on Friday. This programme also included public lectures about Hispanic culture, which were given by Maurice de Bunsen, William Ker or Salvador de Madariaga.[52]

The Chairman of the Spanish Society of Scotland was Donald MacAlister, Vice-Chancellor of the University of Glasgow, and Lord Glenconner was named Honorary President. Like the Anglo-Spanish Society, the Scottish association was managed by a General Council, which in this case consisted of Glasgow and Edinburgh members. The general secretary was E. Hallam Roantree, who had been involved in setting up the Society. There is little information about this association after 1930, but it seems that Spanish culture was promoted in Scotland by several

50 ULKCA: KAS/AC2/F354. See: "Executive Committee's Minute (1 February 1924)", *Minute book*. AASS.
51 "News in Brief. Spanish at Edinburgh", *The Times,* 8 November, 1919, 9.
52 Anglo-Spanish Society, *Report and Transactions...*, 20–21.

institutions, such as the Edinburgh Spanish Circle, founded in 1932, which had similar aims.[53]

In summary, the Anglo-Spanish Society was not alone in the improvement of British-Spanish relations. The Society's links to other associations were very useful for achieving its missions and objectives. Some members of the London branch even promoted the foundation of provincial societies, which were all branches of the same tree: the cultural diplomacy.

53 Anglo-Spanish Society, *Report and Transactions...*, 19. Lord Glenconner was also a relevant member of the headquarters of the Anglo-Spanish Society, becoming Chairman of its Economic and Social Section. Donal MacAlister (1854–1934) studied at Aberdeen and Liverpool. He was awarded with a scholarship to study at Oxford University (Balliol and Worcester colleges). He was appointed a fellow at the St John's College Cambridge. He became an expert in teaching of Maths, but he was also interested in Medicine and other disciplines. From 1907 to 1929, he was the Vice-Chancellor and the Principal of the University of Glasgow. See: "Sir D. Mac Alister. A great academic organiser", *The Times,* 16 January, 1934, 14.

# 3

# The Anglo-Spanish Society
# in the interwar period

The war was over and the intense interest dying,
when an office was obtained, a Secretary appointed,
and a systematic appeal for funds begun.

John Mackay[54]

The end of the Great War heralded a new stage in the history of the Anglo-Spanish Society, which definitively renounced its wartime aims, adapting its targets and hierarchical structure to peacetime conditions. Although the London headquarters and most of its provincial branches were already fully functioning in 1918, the interest of the British government and the support of different social sectors diminished in the post-war period. In some ways, the Foreign Office was more flexible in supervising the association, which had never fulfilled the propaganda objectives for which it had been created. Additionally, most of the organisers linked their participation in the Society to the war; they considered their involvement in the association as a form of patriotic service for their country in wartime, and consequently following the armistice many abandoned ship.

In early 1919, the main organiser of the Anglo-Spanish Society, Israel Gollancz, resigned from his post as honorary secretary and left the association. Another key member, Ronald Burrows, was unable to continue working for the institution, and had to cancel all his commitments due to a virulent illness, which he died from in 1920. During the war, both scholars had been in close contact with the Foreign Office and British

54 *Anglo-Spanish Society. Hon. Organising Secretary's Reports. General and Financial 1916–1919.* AASS.

Intelligence services. Burrows had been the Principal of King's College London, which had been put at Society's disposal. His death provoked a relative distancing between the Society and both of these institutions.[55]

Although different members had criticised Mackay, he became a leading figure for the Society when Gollancz and Burrows were no longer linked to it. After some years, Merry del Val, who was the Honorary President of the Society, recognised Mackay's work in organising the association:

> The credit for the first practical step towards the improvement of mutual Anglo-Spanish understanding lies with Mr. J. M. Mackay, Emeritus Professor of Liverpool, to whose efforts the Anglo-Spanish Society owes its origin. [...] Professor Mackay formed the association with the object of promoting and maintaining friendly relations between the peoples of the British Empire and the Spanish-speaking nations.[56]

In addition to the above-mentioned departures from the Society, other members left the association in peacetime, such as Henry Davies and James Fitzmaurice-Kelly. There were therefore many changes made in the leadership of the association between 1919 and 1920. Capitan Alexander Quicke replaced Gollancz as Honorary Secretary, and Lord Latymer was substituted by Lord Aldenham, a well-known financier, as Chairman of the General Council. John Withers, politician and scholar, became the Chair of the Executive Committee.[57]

Meanwhile, the Society set up a simple administrative body and, after several relocations, the London headquarters found a final base. During the first year of its existence, the London branch's location had been a room of the Kenilworth Hotel, and the members had held meetings and lectures at King's College London. In 1918, an office was rented at no. 2 Bloomsbury Square, but some financial problems

---

55 "Death of Dr. Burrows. A Champion of Greece", *The Times*, 17 May, 1920, 16.

56 Alfonso Merry del Val, "Anglo-Spanish Societies", *The Times,* 10 August, 1926, 22.

57 Anglo-Spanish Society, *Report and Transactions*. Captain Alexander Quicke wrote the following book: *Adventure and exploration in South America* (NewYork/London, Dutton/Dent, 1930). Lord Aldenham was Alban George Henry Gibbs (1846–1936), who went to Eton and Christ Church, Oxford. After his graduation, he led the familiar firm: Antony Gibbs and Sons, becoming an important financier in the City. He also took part in politics and was Member of Parliament (Conservative). See: "Lord Aldenham", *The Times,* 11 May, 1936, 17. John James Withers (1863–1939) was a scholar and politician who was linked to Oxbridge universities.

provoked a new move in 1921. Finally, the headquarters settled at no. 5 Cavendish Square.[58]

In order to manage the headquarters' office, a secretary, F. J. Rudston Brown, was hired. She was responsible for facilitating the work of the Society in the post-war period. In late 1919, however, the secretary found herself overwhelmed by the great amount of paperwork, and she asked the Executive Committee for someone to assist her with the administration. In the end, an assistant was appointed to work with her.[59]

The Society had a good financial standing, which made it possible to hire those secretaries. In 1919, the association's leaders announced a small surplus had been accumulated and that it could be used for reaching the corporation's goals. This prosperity was due to a progressive increase in membership (just in the London branch, there were 718 members in 1920) and a great number of endowments by companies in wartime. However, the finances were not quite as good as R. E. Carr, the treasurer, had explained in his balance sheets. In 1921, John J. Withers informed the board of trustees about the economic problems of the association. The disclosure of the real accounts caused some changes. Firstly, Alfred Edgar Vere Barker replaced Carr as treasurer. Secondly, John Withers, who was overwhelmed by his work at Cambridge University, resigned from his position as Chairman, and Stephen Gaselee, the librarian of the Foreign Office, replaced him. Bartolomé Sanín Cano and John Mackay were elected honorary secretaries, and other were also named members of the Executive Committee, such as Henry Thomas and Harold Carvalho.[60]

Mackay negotiated a deal with the "Centro Español de Londres", which was supported by the Spanish Embassy in London, to solve the financial problem. The agreement of collaboration was focused on reducing the association's expenses. The deal was passed in 1921 and marked the beginning of an intimate collaboration between both corporations. The

58 Marquis Merry del Val, "Anglo-Spanish Societies", *The Times,* 10 August, 1926, 22.

59 "Executive Committee's minute (6 November 1919)", *Minute Book, 1919–1921,* 130–134. AASS.

60 Anglo-Spanish Society, *Report and Transactions,* 12. See also: "Minutes (26 January, 6 February and 15 February 1921)", *Minute Book, 1919–1921,* AASS. Rudston Brown resigned in 1921. Stephen Gaselee (1882–1943) went to Eton and King's College Cambridge. In 1919, he was appointed Pepys Librarian at Magdalene College, where was named fellow. During the Great War, he entered the Diplomatic Services, and worked as librarian and archivist of the Foreign Office since 1920. He had many contacts in Cambridge. He was Chairman of the Anglo-Spanish Society, and wrote some works about Spain. See: "Sir Stephen Gaselee", *The Times,* 17 June, 1943, 7.

**Stephen Gaselee (1882–1943).**

Photo by Bassano Ltd. (17 August 1939), courtesy of National Portrait Gallery, London ©.

Anglo-Spanish Society became less independent, but also reaped the benefits of this union. In fact, the "Centro Español de Londres" offered the Society some rooms at no. 5 Cavendish Square to establish its offices and to allow the association's members to use other facilities of the building.[61]

The Anglo-Spanish Society was able to continue promoting Spanish language and culture in London, thanks to this agreement. In 1920, the Executive Committee stated that their work was beginning to bear fruit:

> The Committee are glad to note a great increase in the interest shown for things Spanish, as evinced by frequent articles and allusions in the Press, and also by enquiries made at the Society's offices, and in April of this year they surveyed the teaching of Spanish in the Universities and Public Schools of the British Isles in a pamphlet which was issued to all members, and is now on sale at the Society's offices.[62]

---

61 Agreement dated on 1 July 1921. *Minute Book*, 1919–1921. AASS.
62 Anglo-Spanish Society, *Report and Transactions*, 13.

When the Society was working within a favourable political context, the results were particularly successful. In 1918, David Lloyd George, leader of the Liberal Party, was re-elected as Prime Minister, facilitating the continuation of the many war projects in peacetime. Some historians have pointed out that Lloyd George paid special attention to British foreign policy, which became his primary concern. In fact, he was one of the honorary vice-presidents of the Anglo-Spanish Society. However, the conservative politician Andrew Bonar Law replaced him as Prime Minister in 1922, but, after a short period, was succeeded by Stanley Baldwin. When Lloyd George left his position, the governmental support to the Anglo-Spanish Society was reduced, because, to a certain extent, the association had been a result of Lloyd George foreign policy.[63]

In spite of political changes, financial problems and resignations of some members, the Society continued its work, which was driven by commercial and cultural aims.

### 3.1. The double mission of the Anglo-Spanish Society after the Great War

Our commerce with Spain and Spanish America is very great, and the repute of our merchants and financiers stands very high among the Spanish-speaking peoples. But these things are insufficiently supported by organisation in Britain. The Anglo-Spanish Society (...) has been founded to promote such an organisation, and it is important to see that so much stress is being laid upon the educational aspect of the matter. Spanish is one of the great literary and commercial languages of the world, and the study of it needs to be immensely extended among us.[64]

In the years of the Great War, the USA took advantage of the war situation to gain control of commerce in Latin America. Therefore, a great number of British firms decided to sell off their assets in that region at the end of the conflict and seek new markets to do business. However, many British companies still occupied a significant presence in countries like Argentina and Chile. The UK Government and its Foreign Office designed a strategy to help them. This plan was based on developing the teaching of Spanish in Britain, because it was assumed that the knowledge of this language would

63 ULKCA: ASS KAS/AC2/F354.
64 "An Anglo-Spanish Entente", *Liverpool Daily Post*, 27 October, 1917. AASS.

help them to recuperate their influence over Latin America. Education and commerce were closely related in this diplomatic strategy.

This singular union was based on the widespread belief in the usefulness of Spanish as a commercial language, which justified the promotion of its study in Britain. In the middle of the 20th Century, Edgar Allison Peers, the most prestigious British hispanist, recalled the label that was usually given to Spanish language:

> The belief that Spanish was a 'commercial' language had been vigorously and repeatedly attacked by those who knew better, but it died hard [...] 'I suppose you're going into business', was the usual comment when a schoolboy, or an undergraduate, expressed a desire to specialise in Spanish rather than in French or German. French 'got you everywhere'; German you needed for plumbing the mysteries of science; Spanish merely helped you to be a high-grade shopkeeper.[65]

This belief was instigated by the success of British businessmen who had succeeded in running firms in Spanish America in the late 19th Century. Against all odds, the Great War and the decline of British influence on Latin American countries contributed to spread this belief in Spanish as a commercial language. The above-mentioned Colombian writer, Baldomero Sanín Cano, realised this:

> It is generally believed that the eyes of the British public are now opened to the necessity of giving time and attention to the study of Spanish. The war has clearly shown the political and commercial importance of the nineteen Spanish-speaking countries in the two hemispheres.[66]

This attention to Spanish language encouraged the Society to further emphasise the importance of its study in Great Britain. The association had always had very clear educational aims and its members made huge efforts to reach the pedagogical targets. In the beginning of its existence, the foundational group of the Oxford branch outlined these educational purposes:

> The British society will seek to secure an adequate provision of teachers of the Spanish language and literature in universities,

65 Edgar Allison Peers, "Twenty-five years", *Bulletin of Spanish Studies*, XXV/3 (1948), 199–206.
66 Baldomero Sanín Cano, "Why we should learn Spanish. Commercial importance of the language". ULKCA: KAP/BUR 164. Spanish, General, 1915–1918.

colleges, schools, and centres, holding day and evening classes. The society will advocate the endowment of professorships and lectureships in Spanish studies, as also provision of travelling scholarships for students who have shown proficiency in the Spanish language. The University schools of Spanish studies in London, Liverpool, Oxford, Cambridge, Manchester, Leeds, Birmingham and elsewhere will have the sympathy and support of the Society.[67]

The branches of the Society actively participated in the task of introducing the teaching of Spanish in British education. Not only was this language taught in those universities linked to the association, but it was also promoted in other educational centres. For instance, the association collaborated with Douglas Loyd Savory, Professor of French and Romance languages, to create a Lectureship in Spanish at Queen's University Belfast. Ignacio González Llubera, who was born in Barcelona, was appointed to this position in order to teach Spanish and Catalan to undergraduates.[68]

The promotion of Spanish learning was the main objective of the Society. After supporting occasional projects, the Executive Committee entrusted a group of members to write a report about the evolution of Spanish language teaching in Great Britain and Ireland. In early 1920, the association published a text with the title: *The Teaching of Spanish in the Universities and Public Schools of the British Isles*. The report recognised that progress had been made in the teaching of modern foreign languages in British education, but it stated that there was still work to be done. It proposed increasing the number of teachers, offering scholarships and scheduling student exchange programmes with Spanish-speaking countries.[69]

The Society worked together with other institutions in developing pedagogical projects. In January 1920, for instance, the general headquarters collaborated with the Modern Language Association to organise a conference for teachers of Spanish. From then onwards, both corporations were closely linked to each other, but the Anglo-Spanish Society also worked independently to spread Hispanic culture in Great Britain. For

---

67 J. Mackay et alter "Anglo-Spanish Sympathy. A new Society founded", *The Times,* 15 September, 1916, 9.

68 "Executive Committee's minute (4 February 1920)", *Minute Book,* 139. AASS. Further information: Frank Pierce, "Ignacio Miguel González Llubera (1893–1962)", *Bulletin of Hispanic Studies,* XXXIX/3 (July 1962), 188–192.

69 See a description of this publication in: *The Journal of Education and School World* (June 1920). AASS.

example, a library was established in the association's office of London in the 1920s. This library consisted of 200 volumes in Spanish, which were donated by members, who were also the main beneficiaries.[70]

The Anglo-Spanish Society outlined many actions to promote Hispanic culture, but there were not enough funds to implement all of them. Perhaps the most important failed plan was the creation of a bilingual journal. The idea was suggested in 1919 by a reader of the London magazine *Pall Mall Gazette*:

> I am glad to see that you are interested in the activities of the Anglo-Spanish Society. It strikes me that this body, and the cause it advocates, would be doing even more admirable work than they are actually achieving if they were to start an "Anglo-Spanish Review". Such a journal -or rather monthly- should be devoted to a certain extent -say 25 per cent- to commercial interests. The remainder ought, in my opinion, to be given up to literature, art, music, and all the spiritual elements that tend to bring about a true *entente* between two great nations.[71]

The London Executive Committee considered how to publish this journal, but it seems that there were not enough funds to carry out the project. This lack of funds was an ongoing problem which the Society faced in pursuing its objectives. In an event held on 6 July 1920, the president of the association, Arthur Hardinge, explained they were trying to promote the study of Spanish, but he recognised they did not have the money to implement a scholarship scheme:

> Parents are becoming aware of the value of a knowledge of Spanish (...) and one of our aims, when the finances of the society can stand it, is to offer yearly prizes in schools to the best students of Spanish.[72]

After overcoming these financial problems, the association planned a

---

70  Anglo-Spanish Society, *Report and Transaction*, 13–14.

71  This letter was published in *Pall Mall Gazette*, 19 April, 1919, and, also, in "Anglo-Spanish Relations", *The Anglo-Spanish Society Quarterly Review*, 179 (Summer 1998), 12.

72  "Spanish as an asset in Business", *Daily Chronicle*, 7 July, 1920. AASS. Hardinge was elected president of the London Society headquarters on December 1919. According to the minute on 2nd March 1920, members of the Executive Committee discussed how to create the journal at the end of the year. See: *Minute Book, 1919–1921*. AASS.

great number of educational activities in the post-war period. While the London headquarters scheduled only four lectures in 1917, the same branch organised 31 events in 1923. The programme consisted of meetings, concerts and talks focused on Spanish history, art and folklore, and the daily life in Latin American countries.[73]

The association also wanted British firms who had an interest in Spain or Latin America to contribute to the promotion of the study of Spanish throughout Great Britain, since, due to the believed commercial value of Spanish, these companies stood to be principal beneficiaries of this educational progress. Weetman Pearson, an English businessman who became Lord Cowdray, was the example to follow. This aristocrat was Vice-president of the Anglo-Spanish Society's headquarters and donated funds towards the study of Spanish at the University of Leeds in 1918. Pearson was interested in Hispanic culture, because he had done important business in Mexico, where he had founded The Mexican Eagle Oil Company. His commercial success was appreciated in the UK, where he was known as "The Great Captain of Industry".[74]

Along with Cowdray, other well-known British entrepreneurs were involved in the Society and actively supported the promotion of Spanish in Great Britain. These businessmen and bankers participated in the Economic and Social Section of the Society, which endeavoured to put British entrepreneurs in contact with Spanish-American diplomats. Informal and formal meetings were held to bring together different agents who were involved in British trade with Spanish-speaking countries. Agustín Edwards Mac-Clure, who was honorary president of the general headquarters of the Society since 1919, was one of the promoters of these gatherings.[75]

73 The association scheduled 34 events in 1924 and in 1925. Alfonso Merry del Val, "Anglo-Spanish Societies", *The Times,* 10 August, 1926, 22.

74 In 1889, Weetman Pearson (1856–1927), an aristocrat from the north of England, first visited Mexico. Thereafter, the dictator Porfirio Díaz granted him permission to build railways, electrical grids, ports, etcetera. In the early 20th Century, Mexican political authorities allowed Lord Cowdray to control oil production in the country and, therefore, he founded The Mexican Eagle Oil Company. This company was very successful and Mexico became the third biggest oil producer in the world in 1913. See: Leslie Bethell, "Britain and Latin America in historical perspective", *Britain and Latin America: a changing relationship*, ed Victor Bulmer-Thomas (Cambridge, CUP, 1989) 1–24. Lord Cowdray was usually known as "the Great Captain of the Industry". See: "Lord Cowdray", *The Times,* 2 May, 1927, 16.

75 Anglo-Spanish Society, *Report and Transactions...*, 5.

Furthermore, the association scheduled lectures on the relations between the UK and Spanish America. These talks were advertised in newspapers and the association published the full-texts of most of them. The target was to show how the politics and economy of the Spanish-American countries was going. On 17 December 1919, for instance, the writer William Koebel gave a speech on: *The Development of Commerce with South America*.[76]

As these lectures suggested, the Society linked its educational work to British economic objectives in the Latin American market. It was thought that knowledge of the Spanish language and the customs of Spanish-speaking countries could be useful in promoting British trade with these countries. However, the slight improvement of trade relations was actually caused by multiple factors, beyond the cultural diplomacy carried out by the Society.

Although it is difficult to determine the extent to which the Society influenced British-Spanish commercial relations, its members made significant efforts to improve Spanish language teaching in England and Scotland. In this way, the association fulfilled a double mission and contributed the wider study of Spanish in the UK.

## 3.2. Forward to the Society's dissolution

Despite several successes, the Anglo-Spanish Society faced problems in the 1920s. After the Great War, many lost interest in the corporation. Political and economic support was reduced because the Society's aims were perceived as less important for the British ruling classes than they had been during the war. On the one hand, many British entrepreneurs sold out their companies in Spanish America and look at trading with the Commonwealth of Nations. On the other hand, the strategic value of Spain and other neutral powers during the conflict also disappeared in the post-war period. In this changing context, the Society had to adapt to accordingly.

On 16 July 1924, members of the Society held a meeting in London to decide on the association's legal status. After this discussion, the institution was reshaped as a kid of private organisation. It was not merely official paperwork, the Society was slightly changed according to a memorandum, which established members' obligations and rules. Thereafter, the objects of the association were summarised in two points:

76 William Koebel, "The Development of commerce with South America", *Report and Transactions...*, 31–45.

(1) The promotion of cultural relations between England and Spain and the Spanish-speaking countries.

(2) The doing of all such other lawful things as are incidental or conducive to the attainment of the above object.[77]

The institution was also rebranded as the Anglo-Spanish Society, erasing the last part of its previous official name: "of the British Empire and Spanish-speaking countries". This change in identity indicated a new change in direction which the Society would take years later, which would lead it to focus its activities exclusively on Spain. The Society showed interest in the Spanish-American countries until World War II, but other institutions were created to promote knowledge about Hispanic-American culture in the United Kingdom, such as the Centre for Ibero-American Studies at the University of Manchester.[78]

The above-mentioned memorandum, which was passed by the London General Council, included a series of modifications to the organisation of the Society's headquarters. Amongst other things, it limited membership to less than 1,000. While these changes were made to ensure the stability of the association, they prevented its expansion and led to the London headquarters losing its authority over the regional branches.

This reform revealed that the association had lost the close communication it had previously had with the Foreign Office. The Society became much more independent from the State due to the absence of key mediators, the lack of diplomatic interest in Spanish-speaking countries in the post-war period and the transition of British government leaders elected after 1922. However, the institution always maintained links with Spanish and British diplomats, so long as a great number of representatives from these countries were members and collaborators.

In the 1920s, the Society had to face tense political relations between Spain and the UK. Miguel Primo de Rivera established himself as dictator in Spain in 1923, and the first Labour Government was formed in the UK in 1924. Additionally, Spanish military campaigns in Morocco and the international impact of the controversial expulsion of Unamuno from Salamanca University increased political tension, which affected British-Spanish relations during these years. The association endeavoured

---

77 See: *Memorandum of Association*. The change in the Society's legal status was advertised by L. E. Elliott, the honorary secretary of the London branch, in June 1924. AASS.

78 "Manchester", *Bulletin of Spanish Studies*, I/1 (December 1923), 34.

to remain at the edge of political issues, but these changes affected its stability.[79]

Despite these difficulties, the institution insisted in pursuing its educational aims. In addition to the establishment of the Oxford Chair of Spanish in 1927, a few modest projects were implemented which proved to be popular. In 1923, a group of members created an *Exchange Correspondence Section,* which allowed more than 500 British students to correspond with Spanish students. In 1927, the Society also published a new edition of the *Three Plays by Calderón* by George Tyler Northup. A copy of this work was given to each member as a Christmas present, raising knowledge about Calderón.[80]

However, the Anglo-Spanish Society was less active in the late 1920s. The reasons for this decline were twofold: the lack of governmental support and Great Depression of 1929, which caused financial problems. Nevertheless, the institution fought for survival and continued into the early 1930s. A report suggested the difficulties the association had to face in this period:

> The keynote of the report on the activities of the Society for the past year is optimism. Taking into account the difficulties of the times, and that organisations such as ours must be the first to suffer, the results have been far and away better than could have been hoped for.[81]

Although the circumstances were less than ideal, the Society was able to increase its activity in the early 1930s. Members organised theatre performances, bi-monthly dinners, meetings to have tea, and talks. In 1932 alone, fourteen lectures were delivered (eleven in Spanish and three in English). In that same year, a great number of members held meetings, debates and a relaxed chat during dinner. The Society started also to bestow awards to British students who had written the best essays in Spanish.[82]

These cultural and educational activities were inspired by the intellectuals and educationalists who led the general headquarters in this period. The Chairman was Henry Thomas, who worked as a librarian at the

79 Javier Tusell and Genoveva García, *El dictador y el mediador. España-Gran Bretaña 1923–1930* (Madrid, CSIC, 1986).

80 *Report of the Anglo-Spanish Society of Spanish Speaking Countries and the British Empire,* 1932, 17. See also: "Did you know?", *The Anglo-Spanish Society Quarterly Review,* 219 (Autumn 2008), 27.

81 *Report of the Anglo-Spanish Society,* 1932, 14.

82 *Report of the Anglo-Spanish Society,* 1932, 17.

British Museum and divulged Spanish and Portuguese literatures in the
UK. At various points of his tenure, lecturers at King's College London
joined the Society. Janet Hunter Perry deserves a special mention for the
role she played as member of the Executive Committee. She acted as a
mediator between British and Spanish members, which enabled the Society
to function effectively.[83]

Although some members had been born in Spain or Spanish America,
the majority of members were Britons who had a link to these territories.
There were teachers of Spanish language and literature, but also diplomats
who had served in Madrid or in Latin-American countries. Spanish-
speaking members had generally settled down in the UK, where they
worked. For example, Rafael Martínez Nadal, lecturer at King's College
London, and Joan Gili, a well-known Catalan who ran a bookshop in
London and in Oxford, were enrolled in the association.[84]

83 *Report of the Anglo-Spanish Society*, 1932, 14. Janet Hunter Perry (1884–1958)
graduated in German and French in Ireland. However, she started to teach Spanish
in London schools and decided to study a MA in Hispanic Studies at King's
College London in 1918. James Fitzmaurice-Kelly was her supervisor. In 1920,
she was appointed lecturer in Spanish language and literature at King's College
London, where she taught for a long time. See: Rita Hamilton, "Janet Hunter Perry,
1884–1958", *Bulletin of Hispanic Studies*, XXXV/3 (1958), 177–178. Henry Thomas
(1878–1952) went to the universities of Birmingham and London. He completed
a PhD in Literature. He was Principal Keeper of Printed Books at the British
Museum. He became a well-known hispanist. He participated in different bilateral
associations. See: "Obituary: Sir Henry Thomas", *Vida Hispánica*, VI/ 2 (October
1952), 6.

84 AASS. Joan Lluís Gili i Serra (1907–1998) was a well-known Catalan publisher,
bookseller, translator and antiquarian. He ran the Dolphin bookshop in London,
but he decided to relocate his store to Oxford at the end of World War II. His
bookshop "became the first in Britain to specialise in Spanish and Latin American
books and manuscripts", and was an important centre for Oxford hispanists. This
Catalan bookseller also published English translation of the most famous Spanish
and Spanish American authors, such as Miguel de Unamuno, Luis Cernuda, Juan
Ramón Jiménez, Pablo Neruda or Federico García Lorca. Moreover, he wrote a
manual to learn Catalan, was Chairman of the Anglo-Catalan Society and promoted
the learning of Catalan language in Great Britain. Although he had not studied at
the University, Oxford awarded him an honorary Master of Arts in 1987, "together
with his attachment to Exeter College". See: "J. L. Gili", *The Times,* 21 May, 1998,
25. Rafael Martínez Nadal (1903–2001) was lecturer of Spanish at King's College
London since 1930s. Born in Madrid, he became well-known because he was a trusted
friend of Federico García Lorca, whose poetry was analysed in Nadal's academic
works. He married Jacinta, daughter of the Spanish educationalist José Castillejo
Duarte. Martínez Nadal first arrived to Great Britain in 1934. See: Martin Eaude,

While the Society was revived in the early 1930s, its agenda was gradually reduced until its activity ceased with the start of the Spanish Civil War in 1936. The community of Spanish exiles in the United Kingdom was supported by other organisations or they created their own associations. Although the association was still working until 1939, few meetings were held. Nevertheless, new members were enrolled, and events were planned sporadically.[85]

The Anglo-Spanish Society was almost completely inactive from 1936 to 1939, and it hardly did anything during World War II. After the outbreak of this conflict in 1939, no new members joined and there is no evidence of events or meetings. The war was a deep crisis for the UK and no one tried to revitalise the Society, which, to a certain extent, no longer made sense in a new international context with other agents and objectives.

After World War II, those who had been in charge of the Society understood that the dissolution was the only reasonable solution. Henry Thomas, the Chairman, contacted Edward Wilson, who had been appointed Cervantes Professor of Spanish at King's College London in 1946. Wilson was the last new member of the general headquarters (enrolled on 12 April 1946) and the person who managed the association's legacy. At that point, they thought the association would not be continued, but they were wrong, as we shall see below.[86]

On 25 March 1947, a group of members gathered together for the last time to find a solution for the association. During this extraordinary meeting, a special resolution was passed for a voluntary dissolution,

"Rafael Martínez Nadal", *The Guardian,* 22 March, 2001: http://www.guardian.co.uk/news/2001/mar/22/guardianobituaries.books [01/08/2014].

85  In December 1938, British newspapers announced that the Anglo-Spanish Society hosted a recepction for Eugen Millington Drake (1889–1972), a British diplomat who served in Buenos Aires (1929–1933) and in Montevideo (1934–1941). Henry Thomas took the Chair, and Stephen Gaselee spoke about the relation between the UK and Uruguay. See: "Work of Anglo-Spanish Society", *The Times,* 13 December, 1938, 4.

86  King's College London, *Calendar for 1946–1947,* (London, Richard Clay and Company, 1946) 99. Edward Wilson joined the Anglo-Spanish Society, thanks to Henry Thomas. His name is written on the page 24 of the membership book. AASS. Edward Meryon Wilson (1906–1977) went to Trinity College Cambridge, where he graduated in Spanish and English in 1928. Despite he wanted to be priest, he changed his mind at Cambridge. In 1933, he was appointed lecturer of Spanish at the University of Cambridge. In 1945, he was elected fellow at Emmanuel College and was appointed Cervantes Professor at King's College London. John Brande Trend died in 1953, and Wilson came back to Cambridge as head of the department of Spanish. See: "Edward M. Wilson", *Studies in Spanish Literature of the Golden Age presented to Edward M. Wilson,* ed. R. O. Jones (London, Tamesis Book, 1973), 1–2.

appointing R. E. Carey as liquidator. The remaining monetary funds and
the library were sent to the Department of Spanish at King's College
London, which was led by Wilson. The money was used to support
London University students who wanted to visit Spain. This was called
the Anglo-Spanish Society Grant.[87]

Why was the association dissolved? It is difficult to know, but some
factors could have influenced on this final decision. Perhaps, the main cause
was related to the aims of the institution. The Anglo-Spanish Society was
created in line with the temporary diplomatic necessities that the Great
War generated. After 1918, the association continued, but its functions
became less clear in the interwar period. New institutions were founded
to intervene in foreign public affairs, and the British Council, which
was created in 1934, opened an office in Madrid in 1940 and another in
Barcelona in 1943. In addition to this, cultural relations between the UK
and Latin America started to be led by the Hispanic and Luso-Brazilian
Council, which was founded in London in 1943.[88]

The political situation was not conducive to the promotion of British-
Spanish cultural relations either. In 1939, Francisco Franco had established
a military dictatorship in Spain, which began a rapprochement with
Germany during World War II. After the conflict, Franco's regime suffered
international isolation from other European countries, causing problems
for diplomatic relations between Spain and the UK.

Furthermore, the Society's support to the development of Spanish
language teaching at schools and universities no longer made sense after
World War II. A great number of institutions had already introduced
Spanish (even Portuguese, Latin American studies or Catalan) in their
curricula. There was still much work to be done, but a community of
British hispanists was emerging and they set up their own associations to
promote the teaching of Spanish in the UK.

Finally, the regional branches of the Society had become independent or
had dissolved. The general headquarters did not coordinate them anymore.
When the London Society was dissolved, it did not affect the branches.
For instance, the Cambridge University Spanish Society survived World
War II and continued organising events independently, as in previous years.

The Anglo-Spanish Society had lost its sense of purpose. The intermit-
tent activity of the association during the interwar period was the prelude

87 *Special Resolutions of Anglo-Spanish Society (Members' voluntary winding up).
Passed the 25th day of March, 1947.* ULKCA: KAS/AC2/F354.
88 Walter Starkie, "The British Council in Spain", *Bulletin of Spanish Studies*,
XXV/100 (October 1948), 270.

to its standstill and final decline in the 1940s. However, it was just a break. In 1950, three years after the dissolution, the Society was reborn. The organisers changed the association to allow for continuity and updated its objectives.

# 4

# The rebirth

## The League of Friendship (1950–1958)

After World War II, British-Spanish relations remained frosty. Although Spain was theoretically out of the conflict, Franco had supported the German army with a military division, "la División Azul", and had been ideologically in the side of the Italian Fascist State. Therefore, the Allies' victory in 1945 caused the international isolation of the Spanish dictatorship, which was deliberately excluded. In 1946, governments of different countries (France, US, UK) did not authorise the admission of Spain as member of the United Nations, and the Spanish regime became marginalised in the international field until the beginning of the 1950s.[89]

From the end of World War II to 1955, when Spain was accepted as member of the United Nations, Franco designed a diplomatic strategy to distance himself from the support he had given to Hitler. Consequently, Ramón Serrano Suñer and other fascist members of the regime were set aside. In the context of international isolation, the Spanish government showed interest in supporting institutions that wanted to improve the diplomatic relations between Spain and other countries in the post-war period. For this reason, Franco's dictatorship welcomed the efforts to reorganise the Anglo-Spanish Society, which had a potential interest for Spain's foreign policy.

In the early post-war period, a small group called "Friendship with Spain" was formed in London and, according to the limited amount of evidences that we have, tried to replace the Society that Henry Thomas and Edward Wilson had dissolved in 1947. However, this new organisation was also dissolved, so in 1950 the baton was picked up by another group: The Anglo-Spanish League of Friendship (which had different name, but the same principal members). The League was independent, but became

89 Florentio Portero, *Franco Aislado. La cuestión española, 1945–1950* (Madrid, Aguilar, 1989).

linked to the Spanish Embassy in London, which supported the continuity of the association. Spanish diplomats wanted to take advantage of the League to promote a good image of Franco's dictatorship in the UK, but their wishes were against the non-political principles that the new institution defended. From the beginning, most members of the association were aware of the difficulties to remain politically neutral, under Spanish diplomatic pressure. When this principle of impartiality was included in the rules of the League, it indicated how complex it was to deliver on its mission without political interference:

> The League continues to be non-sectarian and non-political in its endeavours, though the dividing line between politics and common sense is sometimes thick and sometimes thin.[90]

The new society was promoted by a group of Spaniards who lived in London, but many Britons who had intervened in diplomatic relations between Spain and the UK also participated in the project. Some organisers of the League had served in the Foreign Office. For example, Robert Hodgson had been British agent to Franco's government during the Spanish Civil War. After his retirement, he kept a high level in British-Spanish relations and supported this new institution, in which he played the role of Vice-President for a short period.[91]

John Balfour, a Scottish diplomat who became British Ambassador to Madrid in 1951, was another key member of the League. After the international isolation of Franco's dictatorship applied by the United Nations had come to an end, Balfour faced the challenge of restoring British-Spanish relations to normal. He was one of the first members of the association and became its Chairman. His participation in the League demonstrated how much this society could do to fight against the international isolation of Spain, which Washington and London had begun to break in the early 1950s.[92]

90 "Editorial note", *The Quarterly Journal of the Anglo-Spanish League of Friendship*, 1 (August 1951), 1.

91 *The Anglo-Spanish League of Friendship. Quarterly Journal*, 22 (October–December 1956), 2. See also: "Inquest Verdict on Sir R. Hodgson", *The Times,* 23 October, 1956.

92 See: "List of Members of the League", *The Quarterly Journal of the Anglo-Spanish League of Friendship*, 25 (July–September 1957), 26–27. John Balfour (1894–1983) went to Eton and the University of Oxford. After the Great War, he entered the British diplomatic service and was sent to Budapest, Sofia, Belgrade, Madrid and Washington. In the late 1930s, he was appointed head of the American Department of the Foreign Office, but in 1941 he went to Lisbon, where he worked as Minister at the British Embassy. In 1943, he was sent to Moscow and, after World War II, he worked

Among the Spaniards who helped to found the League was Mabel
Marañón Moya, daughter of the famous doctor Gregorio Marañón. This
Madrileña created different charitable institutions to help the growing
population of Spanish immigrants who had come to the UK, such as
the Spanish Welfare Fund or the "Hogar Español". Her marriage to the
hispanophile and journalist, Tom Burns, who had worked for the British
Embassy in Spain during the Second World War, led to her official involvement in the relations between Spain and the UK. Spanish diplomats who
arrived in London sought their advice on different issues, and Mabel took
part in some bilateral meetings as an adviser. Some time later, she modestly
summarised her contribution:

> Knowing and not knowing, I did what was asked of me. Requests
> from the BBC, from the Anglo-Spanish, whatever, with time or no
> time, I have done it. Lo que te pidan en nombre de España, hazlo.[93]

According to the informal nature of her participation in diplomatic
affairs, some authors have described Mabel Marañón as an unofficial
Spanish Ambassador to the UK. Although she did not hold any political
position, her contribution was essential in creating the League. In fact, she
contacted her Spanish friends to raise £1,500 for the new Society. These
funds were used to pay the expenses of the association during its first years.
Besides money, the League was also supported by two commercial firms,
who provided administrative and logistical assistance to the organisation.
As part of their support, they provided the Society with an office, which
was located at no. 1 Temple Avenue in London.[94]

in Washington for some years. In 1948, Balfour was named British Ambassador to
Buenos Aires, and he held the same position in Madrid from 1951 to 1954. He was
the first British Ambassador to Spain after the international isolation of Franco's
dictatorship. See: "Sir John Balfour", *The Times,* 28 February, 1983, 12.

93  Josefina Navarro, "Recollections of a Kind Mother figure. Interview with Mabel
Marañón", *Anglo-Spanish Society Quarterly Review,* 191 (Summer 2001), 22–24. See
also: Gregorio Marañón, "Mabel Marañón", *El País,* 19 July, 2008: http://elpais.com/
diario/2008/07/19/necrologicas/1216418401_850215.html The house where the Burns
lived in London became a meeting point for Britons and Spaniards who had different
professions and political ideas (from supporters of Franco to Spanish exiles). Mabel
Marañón Moya (1918–2008) held an interview with Franco in Madrid, where she
could convince him to endow an amount of money for Spanish immigrants in
London. Tom Burns used his contacts in the Foreign Office and his influential friends
of The Garrick Club to strengthen ties between Madrid and London.

94  Jimmy Burns, *Papa Spy. Love, Faith and Betrayal in Wartime Spain,* (London,
Bloomsbury, 2009), 339. See also: Halliday Sutherland, "Statement by the Chairman",

Mabel Marañón de Burns meets Franco to ask for more support
for Spanish immigrants in London (Madrid, April 1966).

Courtesy of Jimmy Burns Marañón.

In May 1951, thanks to this support, the League was officially formed. Its members outlined an ambitious list of aims to improve British-Spanish cultural relations. The League shared many of the aims pursued by the former Anglo-Spanish Society, but the new institution abandoned all reference to Latin-American culture and British trade with those countries. Unlike its predecessor, the League focused exclusively on relations between Spain and the UK, and was much more closely aligned with Spanish diplomatic interests than to those of the British Foreign Office. The lack

*The Anglo-Spanish League of Friendship. Quarterly Journal*, 21 (July–September 1956), 1–2.

of focus on Latin-America was due to the new dynamic in the relations between Spain and its former colonies, which independently developed their contacts with other nations. Furthermore, other cultural associations had now been founded in London to build bridges of understanding between Latin American countries and the UK. For example, the British Mexican Society was set up in 1944. The League's newly defined focus made logical sense within the existing context.

The dynamic of the League was slightly different from that of the Anglo-Spanish Society. One of the principal changes was the creation of *The Quarterly Journal,* which was introduced in August 1951. Prior to this, the group "Friendship with Spain" had published a bulletin, which did not last for long, but could be considered as a precedent. The new journal was targeted at the Society members, but was also intended as an instrument to publicise the ideas and aims of the League. The first editorial outlined their intentions to promote Spanish culture among British people:

> This Journal is the successor to the Bulletins sent to all Supporters of "Friendship with Spain"; which Movement has been dissolved and replaced by this League as the permanent body whose policy is to encourage all means towards better knowledge and understanding of Spain and her people.[95]

The first editor of this journal was F. J. Hesketh-Williams, who was also secretary of the League from 1951 to 1956. During these five years, he shaped the publication, which usually consisted of news about British-Spanish relations, articles on Spanish culture, information for Spaniards who had come to the UK and several references to the association's activities. Hesketh-Williams was an active member of the institution during this period and occasionally played the role of spokesman of the League to clarify issues about Spain in the British press. For instance, *The Times* published a letter by Hesketh-Williams in response to Ronald S. Russell, who had complained about the waste of time involved in obtaining vouchers to buy fuel in Spain according to the official fares. Hesketh-Williams recognised this problem had previously existed, but explained that these inconveniences were slowly disappearing.[96]

95 "Editorial note", *The Quarterly Journal of the Anglo-Spanish League of Friendship,* 1 (August 1951), 1. *Friendship with Spain* was the first bulletin that the League published. It was created in August 1950.

96 F. J. Hesketh-Williams, "Petrol in Spain", *The Times,* 21 September, 1951, 7. This letter was written to respond Ronald S. Russell, "Petrol in Spain", *The Times,* 15 September, 1951, 5.

The first Chairman of the League was Alexander Roger, who led the society from 1951 to 1956. Roger was an important businessman who had participated in other projects to strengthen British-Spanish ties and had a suitable profile for the Chair position. The only person above him in the Society's structure was the Spanish Ambassador to London, who was the Honorary President. Every year, both leaders organised a general meeting for members, which often concluded with a speech about any aspect of Spanish culture. On 20 November 1952, the first assembly took place at Canning House, with a talk by S. G. Tschiffely about his travels around Spain. The next year, doctor Xavier de Salas gave a lecture about pilgrims to Santiago de Compostela at the end of the second one of these meetings. These speeches became a tradition that is still continued.[97]

The Anglo-Spanish League of Friendship was aligned with the diplomatic strategy of the Spanish Embassy in London. In this period, the Spanish Ambassador was Miguel Primo de Rivera y Sáenz de Heredia, the son of the dictator Miguel Primo de Rivera under the monarchy of King Alfonso XIII of Spain, and brother of the founder of the "Falange Española" (Spanish Phalanx). He was Honorary President of the League and served as the Chair in many meetings of the organisation. Evidence suggests that he encouraged members to get involved in the improvement of British-Spanish relations. For example, he invited Alexander Roger and other leaders to receptions and meetings that he hosted at his residence to exchange ideas with British politicians.[98]

In addition to its diplomatic role, the League had an interesting internal

97 "News in Brief", *The Times,* 22 November, 1952, 8. Further information: "News in Brief", *The Times,* 1 December, 1953, 10. Alexander Roger (1878–1961) was the son of James Paterson Roger of Rhynie (Scotland) and went to Robert Gordon's College (Aberdeen). He moved to London, where he started to work for the telecommunications industry. During the Great War, he served at the Ministry of Munitions and was granted the title of knighthood for his service to the country. In 1918, he joined the Board of the British Insulated and Helsby Cables Ltd. In 1930, he was appointed Chairman of that company. After the amalgamation of different telecommunication companies in 1945, he was appointed Chairman of the British Insulated Callender's Cables. He participated in bringing telephone lines to countries such as Portugal and Venezuela. He also intervened in the financial sphere, because he acted as deputy Chairman of the Midland Bank. After his retirement in 1954, he collaborated with different institutions, such as the Anglo-Spanish Society, the Hispanic and Luso-Brazilian Council, the Federation of British Industries and the Anglo-Portuguese Society. See: "Sir Alexander Roger", *The Times,* 6 April, 1961, 17.

98 Some members of the League attended the reception that the Spanish Ambassador to London hosted for Gordon MacMillan, the Governor of Gibraltar. See: "Reception", *The Times,* 9 May, 1952, 8.

programme that combined festive events with intellectual ones. Leisure activities were organised, such as balls, concerts and dinner parties. Those who attended were members and occasionally the Spanish Ambassador to London would join. The organisation also scheduled cultural activities including lectures. Members were able to borrow Spanish books from the Hispanic Council's library, and *The Quarterly Journal* included a great number of articles about diverse aspects of Spanish history, geography and literature. These publications and events remained politically neutral in line with the Society policy.[99]

Some members worked for educational institutions and planned cultural actions and events, acting in the same way as the former Anglo-Spanish Society. The leaders of the League supported pedagogical projects designed to promote Spanish culture in the UK, such as Dr Mary M. Couper, who contributed significantly to the promotion of Spanish language teaching all over Scotland.[100]

The League rapidly developed its administrative structure, but the early years were complicated. On 23 April 1956, a general meeting was organised which was crucial for the Society's future. Alexander Roger and the Executive Committee proposed the dissolution of the association because its financial situation was unsustainable. The Chairman explained that the companies who had supported the Society were withdrawing their support after June. The initial funds of £1,500 had been spent and there was no money left. As if that was not enough, membership was rapidly decreasing, from 608 members in the period of 1953–1954 to 385 in 1955–1956. All of these problems had made the continuity of the association unfeasible.[101]

In spite of this financial crisis, a great number of members wanted to carry on developing the project and proposed a vote to decide on the future of the League. In the end, 196 members voted for the continuity of the Society and 105 people voted in favour of dissolution. After the vote, the Executive Committee resigned. A well-known doctor, Halliday Sutherland, was elected Chairman of the League, Peter C. Jackson became editor of *The Quarterly Journal,* and Nan Baxter was appointed Honorary Secretary.[102]

99 *The Quarterly Journal of the Anglo-Spanish League of Friendship*, 4 (July–September 1952), 1–3.

100 "Obituary", *Anglo-Spanish Society Quarterly Review*, 112 (Spring 1980), 18.

101 Halliday Sutherland, "Statement by the Chairman", *The Anglo-Spanish League of Friendship. Quarterly Journal*, 21 (July–September 1956), 1–2.

102 Halliday Gibson Sutherland (1882–1960) was member of a Scottish family. He

The new Executive Committee wasted no time and immediately conducted an audit of accounts to be published in *The Quarterly Journal*. Measures were taken to solve the financial problems. Membership fees were increased for those who wanted to join the association, and a programme of events was scheduled to raise funds. The most important event was the Anglo-Spanish Ball, which was celebrated for the first time in 1957. The event was a big success and, consequently, it was held every year, becoming a vital source of income for the Society. It took the form of a dinner party, usually at a London hotel, and was attended by a great number of people linked to the League. Aside from speeches, it included dancing and a raffle.[103]

The Executive Committee also changed the organisation's structure. Edward Palmer was in charge of rewriting the aims of the association. This new text included a declaration of apolitical purpose, which did not hide how Spanish diplomacy had imposed an ideological bias on the League. The association engaged with diplomatic aims in order to project a good impression of the Spanish authoritarian regime on British society because it was believed that the UK government could help to break international isolation of Spain in Europe. According to these interests, the new Chairman led a propaganda campaign of Franco's dictatorship in the UK. He organised three lectures to justify the coup d'état by the Spanish army in July 1936. Sutherland clarified the objectives that he pursued with these speeches:

went to the Glasgow High School and Merchiston Castle School. He wrote essays and tales, and one of them was awarded with the Sir Walter Scott prize. However, he studied Medicine at the universities of Aberdeen, Dublin and Edinburgh. When he graduated, he travelled around Spain, where he worked as physician assistant and studied bull fighting. He returned to the UK in order to work in different centres: the Royal Edinburgh Asylum, the Royal Victoria Hospital and the Westmorland Sanatorium. From 1911 to 1914, he was a medical officer at the St Marylebone Tuberculosis Dispensary. During the Great War, he served in an armed merchant cruiser and in the Royal Air Force. In 1920, he was appointed Deputy Commissioner of Medical Services (Tuberculosis) for South-Western England and Wales. After this appointment, he worked in different hospitals and medical centres, becoming an expert in Tuberculosis. He always showed his interest in Spain and Spanish culture, and he had converted to the Roman Catholic faith. He wrote a great number of literary works, medical books and travel guides. In 1933, his greatest success was published: *The Arches of the Years*. See: "Dr Halliday Sutherland", *The Times*, 20 April, 1960, 15; "Obituary. Halliday G. Sutherland, M. D.", *British Medical Journal* (30 April 1960), 1368–1369; and Halliday Sutherland, "Statement by the Chairman", *The Anglo-Spanish League of Friendship. Quarterly Journal*, 21 (July–September 1956), 1–2.
103 AASS.

At these meetings I sought to dispel the prevalent belief in Britain that General Franco organised the military revolt against a properly constituted Spanish Government. This is quite erroneous.[104]

Almost 200 people attended these sessions, in which, as well as justifying this coup d'état, he downplayed the collaboration between Franco's Spain and Nazi Germany during the Spanish Civil War and the World War II, reminding his audience of how Allies had taken advantage of Spain's neutrality. He also downplayed the importance of Franco's support of Hitler during World War II, and compared the meetings of these dictators to those which Neville Chamberlain had held with the Führer:

> The second illusion I mentioned is that during the Second World War General Franco was pro-German. Our own Prime Minister, Neville Chamberlain, had to fly to Germany to see Hitler. But to see Franco, Hitler had to cross Europe in an armoured train to Hendaye. Franco merely crossed the International Bridge from Irun to Hendaye. Their meeting lasted eight hours. Hitler afterwards said he would rather have his teeth extracted than have another interview with General Franco.[105]

As well as explaining away the Hendaye meeting into a myth, the defence of Franco's regime was in line with Spain's diplomatic strategy, which turned the League into a political association for a short period. This ideological bias could be found in *The Quarterly Journal*, which published obituaries of pro-Franco personalities. In 1957, for instance, the journal published a short biography of Roy Campbell, a South African poet who

---

104 Halliday Sutherland, "Statement by the Chairman", *The Anglo-Spanish League of Friendship. Quarterly Journal*, 22 (October–December 1956), 7–8.

105 Halliday Sutherland, "Statement by the Chairman", *The Anglo-Spanish League of Friendship. Quarterly Journal*, 22 (October–December 1956), 7–8. The meeting in fact ended without any formal agreement. Franco took advantage of the meeting to protect Spanish national interests which including delaying any German attempt to occupy mainland Spain and Gibraltar, over which the Spanish claimed sovereignty. For his part Hitler refused to make any promises of support for Spanish territorial claims in North Africa. In June 1941, Franco agreed to send the Blue Division of Spanish volunteers to fight with Germany against Stalin's Russia on the Eastern front. A year earlier Franco's troops had temporarily occupied Tangier but Franco was unable to annex further territory in France and Africa. See: Alberto Reig Tapia, "El mito de Hendaya", *Temas para el debate*, 147 (2007), 37–39.

supported the dictatorship in Spain and had passed away that year. This obituary concluded as follows:

> The great British public, lovable and gullible, are now realising that in the Spanish Civil War General Franco was fighting not democracy but Russian communism.[106]

The journal also published some articles intended to convey a positive image of the dictatorship and to denounce the international isolation that Spain had suffered after World War II. For example, an article entitled "Spain revisited" condemned the UN decisions that sentenced Spain to isolation in 1946. The editor fought against prejudices and praised Spanish economic growth throughout Franco's rule.[107]

This propaganda campaign was an attempt to change the British public's negative perception of Franco's Spain, but this shift of opinion did not happen in this period, despite the end of international isolation in the 1950s. According to the editor of *The Quarterly Journal*, these prejudices and stereotypes were caused by ignorance and those who wanted to malign Spain.[108]

However, this propaganda became a new reason for British rejection to Franco's dictatorship. The British public's opposition was made clear when Sutherland gave a speech at the first Anglo-Spanish Ball. His panegyric of the Spanish authoritarian regime sparked a public controversy in the London newspapers, which attributed his speech to the Spanish Ambassador, Miguel Primo de Rivera. Finally, the Chairman of the League publicly acknowledged that he was the author of the speech in a letter that *The London Evening Standard* published on 16 November 1957.[109]

This controversy appears to have led to Sutherland's resignation in 1958. He was appointed Vice-president of the League, but the chairmanship was offered to John Balfour, who had been the first British Ambassador to Spain after international isolation. Some members of the Executive Committee resigned and were substituted by D. McWilliam Morton and two women, D. Wyndham Lewis and R. A. F. Williams. These changes

106 "Roy Campbell", *The Anglo-Spanish League of Friendship. Quarterly Journal*, 24 (April–June 1957), 4–5.

107 F. A. V., "Spain Revisited", *The Anglo-Spanish League of Friendship, Quarterly Journal*, 24 (April–June 1957), 25–27.

108 "Editorial", *The Anglo-Spanish League of Friendship, Quarterly Journal*, 25 (July–September 1957), 3.

109 *The Anglo-Spanish League of Friendship, Quarterly Journal*, 26 (October–December 1957).

also reached the Spanish Embassy in London because José Fernández Villaverde, Marquis of Santa Cruz, was named Ambassador to the UK. He had studied in England and had a great experience in diplomacy. While he had to defend the position of Franco's government and to face the problems caused by the long standing Gibraltar conflict, his diplomatic skills and knowledge of British culture enabled closer understanding and better relations between the UK and Spain.[110]

110 *The Anglo-Spanish League of Friendship, Quarterly Review,* 27 (January–March 1958), 2. José Fernández Villaverde y Roca de Togores (1902–1988) went to the University of Madrid and New College, Oxford. In 1921, he entered the Spanish diplomatic service. He was sent to Copenhagen, the Hague, London and Cairo. He was the Spanish Ambassador to the UK from 1958 to 1972. Fernández Villaverde, who was affectionately known as Pepe Santa Cruz, had to deal with a "full-scale blockade" of Gibraltar in 1969. He also tried to arrange an official state visit to the UK by Franco, but he failed. However, Elizabeth II and the then UK prime ministers regarded Fernández with affection and respect. For instance, the Queen hosted a reception for him, before he left London. Although Villaverde had his own title- that of Marquis of Pozo Rubio and Grandee of Spain- he was known officially as the Marquis of Santa Cruz, after marrying Casilda de Silva y Fernandez, who inherited the noble title. See: "Marquis of Santa Cruz", *The Times,* 17 June, 1988, 20.

# 5

# A return to the origins

## The new Anglo-Spanish Society

The changes within the Spanish Embassy in London and the League of Friendship marked the beginning of a new stage in the Society's history. The new Chairman, John Balfour, planned a reorganisation of the institution to restore its original principles, ensure financial stability and limit its mission to cultural and educational events.

He convened a general meeting of the League at the Challoner Club on 28 May 1958. Edward Palmer presided over the meeting, because Balfour was abroad. During the session, some important agreements were reached. The first was to increase all membership fees. Although £1,220 were being raised in the Ball of 1957, the high cost of *The Quarterly Journal* (which was given a new name: *The Quarterly Review*) meant that this increase was necessary. The second step was the election of the members of the Executive Committee, which included experienced leaders and new faces. The final measure introduced changes to the constitution of the League, which was renamed as The Anglo-Spanish Society. In this way, the old name was recovered, but the phrase which had followed it before ("of the British Empire and Spanish-speaking countries") was removed, erasing any reference to Spanish-America.[111]

This general meeting guaranteed the continuity of the association and drew up the plan for a new period. The society rejected ideological bias and focused on promoting Spanish language and culture in the UK through lectures and events. *The Quarterly Review* demonstrated these changes by

---

111 The members of the Executive Committee were: Edward Palmer, P. Suárez, Charles Williams, D. McWilliam Morton, R. Williams, Mrs. D. Wyndham Lewis, Mrs. Arnold and F. Meredith Richards. A minute of this general meeting is held in the AASS. See: *The Anglo-Spanish League of Friendship, Quarterly Review*, 28 (April–June 1958), 2–3.

paying more attention to cultural topics. The editor asked some prestigious British hispanists for contributions, like Professor Alexander Augustine Parker, who sent an article to be published in the journal. The association also strengthened collaborations with other bilateral institutions such as the Anglo-Catalan Society, which was founded in 1954 and had an important educational mission.[112]

In just two years, the Executive Committee of the Anglo-Spanish Society strengthened the association, leaving its previous instability behind. After the institution had been reshaped, John Balfour resigned, and in 1959, was succeeded as Chairman by Rowland Denys Guy Winn, an aristocrat who was known as Lord St Oswald. The new Chairman had been foreign correspondent for *The Daily Telegraph* during the Spanish Civil War, when he was arrested in Madrid and sentenced to death. After recovering from this traumatic event, he continued to spend long periods of time in Andalusia.[113]

Besides these links with Spain, Lord St Oswald was also a member of the British conservative party and a potential mediator for British-Spanish relations. During his tenure, the UK prime minister was Maurice Harold Macmillan, who was the leader of the party to which Oswald belonged. In sum, Winn was the perfect candidate to be the Chairman of the Anglo-Spanish Society. On 25 March 1959, his first letter to the members of the association encouraged them to increase the number of activities and members in order to promote friendship between the people of Spain and the UK:

> Quite certainly our Society has an impressive part to play in the relations between two great countries, and I hope that all who

112 Alexande Parker, "Henry VIII through Spanish eyes", *The Anglo-Spanish Society Quarterly Review*, 29 (July–September 1958), 6–10. See also: *The Anglo-Spanish League of Friendship, Quarterly Review*, 27 (January–March 1958), 23.

113 Rowland Denys Guy Winn (1916–1984) was the son of the 3rd Baron St Oswald. He went to the universities of Bonn and Fribourg. In 1935, he travelled to Spain to work as foreign correspondent for Reuters. During the Spanish Civil War, he covered the conflict for *The Daily Telegraph*. However, he was arrested by the Republican armed forces, and he spent some weeks in jail in Barcelona. After a deserved break, he was foreign correspondent in the Balkans, but, in 1939, he served in the British army in World War II. From 1946 to 1950, he lived in Algeciras, but he left Spain to fight in the Korean War. From 1959 to 1962, he was Lord-in-Waiting in the House of Lords and served as Joint Parliamentary Secretary to the Ministry of Agriculture from 1962 to 1964. In 1973, he became a member of the European Parliament. See: "Lord St Oswald", *The Times,* 21 December, 1984, 16.

are dedicated to the aim of strengthening an already historic and instinctive friendship, will join us with heart and mind and energy.[114]

The new Chairman intervened in politics, but the association did not take any side, and it was defined as a non-political organisation. Undoubtedly, many members were conservative, but their ideology had no real influence on the daily life of the institution. Religion was also absent. Many members were Catholic, but the association limited itself to celebration of only a few Christian festivals, like Christmas.

Lord St Oswald drew upon what was most familiar to him in order to stimulate the association's work. His connection with Yorkshire facilitated the establishment of a branch of the Anglo-Spanish Society in the north of England. As mentioned previously, the Northern constituent was set up in Leeds and was led by Florence Doyle-Davidson for a long time. As member of the Conservative party, Lord St Oswald's government contacts allowed for the opportunity to host and meet with some of the leading Spanish figures who came to the United Kingdom to have meetings with British politicians.[115]

During the leadership of Lord St Oswald, the Society established its headquarters in the building that The Spanish Club occupied no. 5 at Cavendish Square (London), where the original association had been located before World War II. After the conflict, the League was established there temporarily, but the situation was formalised in 1959, when the association settled down in this centre, which became a reference for Spanish people in London.[116]

The new headquarters of the Anglo-Spanish Society served as a venue for most of the events that members organised. In this period, the association scheduled evening concerts, screenings of films such as *Bienvenido Mr. Marshall* by Berlanga, and lectures about different aspects of the Spanish culture. This programme brought British people closer to Spanish culture, without them having to travel to Spain. For instance, in 1960,

114 Lord St Oswald, "Letter from the Chairman", *The Anglo-Spanish Society. Quarterly review*, 31 (January–March 1959), 2.

115 In 1962, for instance, a group of Spanish public servants and politicians visited London in order to know about English health care system and local government. Oswald invited the Spanish visitors to have a lunch in the House of Lords, attending a great number of members of the Anglo-Spanish Society. See: "La visita a Inglaterra de ilustres personalidades españolas", *La Vanguardia*, 29 June, 1962, 16.

116 Lord St Oswald, "Editorial", *The Anglo-Spanish Society. Quarterly review*, 34 (October–December 1959), 2–4.

Charles Johnson gave a talk about the *Spanish Paintings to be seen at the National Gallery*.[117]

In addition to these events, the Executive Committee had to face the administrative problems that arose during this period. Lord St Oswald planned a publicity campaign to increase membership, which was his main concern, and to ensure financial prosperity. With the Spanish Embassy's consent, he wrote a message to send to British people who spent their holidays in Spain. He proposed that those British tourists join the association in order to keep in contact with Spanish culture.[118]

In the 1960s, tourism became a key industry for the Spanish economy. A great number of Britons travelled to Spain in search of sun and beaches. According to governmental statistics, in 1956 a sixth of three million foreigners who visited Spain came from the United Kingdom. Spanish authorities were interested in this influx of British tourists, and the Embassy encouraged the League (later the Anglo-Spanish Society) to promote tourism. The best example of this collaboration was the association's journal, which implemented an advertising campaign of Spain in Great Britain.[119]

During Lord St Oswald's tenure, *The Quarterly Review* improved and became one of the main outputs of the institution. The journal had a print run of 1,000 and became an important instrument in the publicity campaign. A third of the copies printed were sent to members who were also subscribers, and the remaining copies were distributed among different institutions of British society. Many articles were dedicated to showing the delights of cities, regions and picturesque places in Spain. Photographs of those locations would often be accompanied by promotional descriptions. The journal frequently published advertisements for airlines (for instance, The Bristol Aeroplane Company) and travel agencies.

Tourism was a big business, but also a perfect opportunity for projecting a good image of Spain and its political regime. Since the foundation of the League, the Spanish diplomatic authorities had defended this idea, which was demonstrated by *The Quarterly Review*:

> Thus tourism is helping to break down barriers of ignorance and prejudice which exist in regard to Spain. The beauties of the Basque

117 "Activities of the Society. Social programme", *The Anglo-Spanish Society. Quarterly review,* 34 (October–December 1959), 6.

118 Lord St Oswald, "Editorial", *The Anglo-Spanish Society. Quarterly review,* 34 (October–December 1959), 2–4.

119 "Three Million Tourists", *The Anglo-Spanish League of Friendship, Quarterly Journal,* 21 (July–September 1956), 23.

Coast, or of the Costa Brava, on the Mediterranean side, attract the modern Briton, who finds that his old ideas of Spain are fantastically remote from reality.[120]

Nevertheless, the journal was not a travel agency brochure. It also published articles about Spanish writers (such as Baroja or Menéndez Pelayo), reviews of books about Spain, messages from the Chairman, information for members, news, descriptions of Peninsular art, useful contact details for Spaniards who had moved to the UK, etcetera. In issue 50 of *The Quarterly Review*, the Marquis of Santa Cruz, who was the Spanish Ambassador to London since 1958, summarised the journal's contents as follows:

> I always read carefully the issues of the Anglo-Spanish Society's journal, which reports on the activities of the association and publishes valuable articles about many aspects of the relations between Spain and the United Kingdom. I observe how some British friends describe their travel experiences in Spain (…). The journal also gives news about British-Spanish trade from time to time...[121]

In 1957, Peter C. Jackson resigned from his post as editor, and M. O'Connor, who had a significant experience in press and publishing, was appointed. The new editor introduced small reforms to improve the journal. Amongst other things, she created a specific section to inform members and readers about the association's programme of events. *The Quarterly Review* made great progress in the late 1950s and Thomas Arthur Layton, who was editor from 1960 to 1986, consolidated this advancement, demonstrating his passion for Spanish wine and culture.[122]

There were also changes in the Executive Committee of the organisation. In 1961, John Balfour replaced Lord St Oswald as Chairman. During this second tenure of Balfour, the ex-diplomat convinced some important members to participate more actively in the association's work. For instance, Mabel Marañón, who had shifted into the background in

120 "Editorial", *The Anglo-Spanish League of Friendship, Quarterly Journal*, 25 (July–September 1957), 3.

121 Marquis of Santa Cruz, "A message from the Spanish Ambassador", *The Anglo-Spanish Society Quarterly Review*. Special Educational Issue, 50 (January–March 1964), 2.

122 "Editorial", *The Anglo-Spanish League of Friendship. Quarterly Journal*, 24 (April–June 1957), 3. See also: "The Anglo-Spanish Society. Past Officers". AASS. See also: "New Editor", *The Anglo-Spanish Society Quarterly Review*, 38 (October–December 1960), 3.

previous periods, took part in many events. Balfour also convinced some Spanish personalities to support the institution. Thus, Ramón Menéndez Pidal agreed to be named Honorary Vice-President of the Anglo-Spanish Society in 1963.

In the 1960s, the Society carried out important educational work, which consisted of a modest scholarship scheme, lectures and specific courses. The association awarded grants to British students who were interested in Spanish culture. Beside these grants, the pedagogical mission of the Society was reflected in its daily life. Mabel Marañón and M. S. Stewart regularly organised debates and meetings for conversation in Spanish, which were attended by many members. Lectures on subjects related to Spain were also delivered in this period.[123]

The association also carried out charitable actions. Many members actively contributed to the fund-raising for relieving the effects of flooding in different Catalan localities in September 1962. This tragic event caused one thousand deaths. The Society and the Spanish Club instigated a campaign of solidarity to collect £22,000, which was used to help the survivors.[124]

The Society maintained good relations with other British-Spanish organisations that worked in the UK. Every year, the Society planned events to meet with the members of the Spanish Circle of Edinburgh, the Oxford University Spanish Society, the Hispanic Society of Portsmouth or the Leeds branch.

Following the example set by Lord St Oswald, Balfour continued to seek British sponsors to ensure the future for the institution. This policy proved successful and progress was made. From 1964 to 1965, corporate membership increased from 57 to 70, while the Society's membership reached 500. These corporate affiliations combined with the Anglo-Spanish Ball ensured economic stability during Balfour's tenure.[125]

Nevertheless, the involvement of corporate members had an effect on how the Society was run during these years. In fact, it led to the revival of commercial events. In November 1964, the association planned a talk by the spokesman of a company that was supporting the institution. The lecture was focused on British and Spanish trade links. A few months earlier, the Society had invited Denzil Dunnett, who was economic

123 John Balfour, "The Chairman's Annual Speech", *The Anglo-Spanish Society Quarterly Review*, 51 (April–June 1964), 2–4.
124 "Dinner of the Anglo-Spanish Society", *The Anglo-Spanish Society Quarterly Review*, 46 (October–December 1962), 19–20.
125 John Balfour, "The Chairman's Annual Speech", *The Anglo-Spanish Society Quarterly Review*, 54 (January–March 1965), 7–9.

adviser for the British Embassy in Madrid, to give a speech about a similar topic.[126]

In 1967, after a productive period, Hugh Ellis-Rees, an experienced diplomat with a good knowledge of Spain, replaced John Balfour as Chairman. Ellis-Rees had been financial adviser to the British Embassy in Madrid in the 1940s and head of the World Bank Mission to Spain in 1961. He had not held any position at the Anglo-Spanish Society, but he had collaborated with the association, and had given some talks about the Spanish economy for Society members during the autumn of 1964.[127]

Ellis-Rees served as Chairman of the Anglo-Spanish Society from 1967 to 1973. For a long time, the honorary secretary was Nan Baxter. However, there were some changes in the Executive Committee. The most famous Vice-President, Ramón Menéndez Pidal, died in 1968, and Dámaso Alonso, replaced him. Alonso had worked in several British universities before World War II.[128]

There were other changes. Ramírez Ronco, a Spanish banker who lived in London, replaced David Morton as treasurer of the association. Undoubtedly, Ronco contributed significantly to improving the finances of the Society. The Executive Committee also gained new members. The first one was Florence Doyle-Davidson, who, after moving to London, joined the group of people who managed the London headquarters. Mercedes Licudi, whose father Hector was a famous journalist, came from Gibraltar and became a member of the Executive Committee. The last to join was Philip Robinson, who had participated in the cultural activities of the association. He delivered lectures for members, wrote articles for *The Quarterly Review* and took part in the Spanish conversation meetings.[129]

---

126 John Balfour, "The Chairman's Annual Speech", *The Anglo-Spanish Society Quarterly Review*, 54 (January–March 1965), 7–9.

127 John Balfour, "The Chairman's Annual Speech", *The Anglo-Spanish Society Quarterly Review*, 51 (April–June 1964), 2–4. See also: "El Marqués de Santa Cruz preside la Junta de la Anglo-Spanish Society", *ABC, morning paper,* 24 May, 1967, 70. Hugh Ellis-Rees (1900–1974) studied at Tollington School and the University of London. Since 1919, he worked for the Inland Revenue, former governmental department for Revenues and Customs. In 1940, he also collaborated with HM Treasury, which is the ministry in charge of the UK economic policy. In the 1940s, he was appointed a financial adviser to the British Embassy in Madrid. From 1952 to 1960, he was the Permanent UK representative on the Organisation for European Economic Cooperation. He was also appointed head of the World Bank Mission to Spain in 1961. After this position, he started to collaborate with the Anglo-Spanish Society. See: "Obituary. Sir Hugh Ellis-Rees", *The Times,* 20 July, 1974, 14.

128 "The Anglo-Spanish Society. Past Officers". AASS.

129 "Anglo-Spanish Society News", *The Anglo-Spanish Society Quarterly Review,* 73

The then Spanish Ambassador to the UK, José Fernández Villaverde,
presenting the Lazo de Dama Orden del Merito Civil to Nan Baxter,
awarded to her by Francisco Franco on completing 12 years
as Honorary Secretary of the Anglo-Spanish Society (1967).

The Archive of the British-Spanish Society.

The association planned many activities, such as the evenings for
Spanish conversation, lectures, outings, flamenco concerts, and dinners, in
which the Marquis of Santa Cruz used to chair. The Anglo-Spanish Ball
and other similar parties were celebrated to raise funds. On balance, it was
a positive period for the Society. After the winter of 1969–1970, Ellis-Rees
congratulated members for planning so many events:

This was undoubtedly a very successful and useful winter programme,
one which fulfilled the Society's aim to promote Anglo-Spanish

(January–March 1970), 16–17. Further information: "Chairman's Speech at the Annual
General Meeting on Monday. June 22, 1970", *The Anglo-Spanish Society Quarterly
Review*, 75 (Summer 1970), 8–10.

friendship through increasing our knowledge of Spanish culture and customs.[130]

Besides these events, a great number of corporate members joined the association, thanks to Ellis-Rees. His contacts and knowledge of British-Spanish commercial relations helped him to convince companies to support the association. After some years, Nan Baxter remembered how important Ellis-Rees' work had been in securing these sponsors: "As Chairman of the Society we have to thank him for the many corporate members he introduced".[131]

A few members were instrumental in managing the Anglo-Spanish Society during this period. The Spanish government awarded a decoration to Nan Baxter and Edward Palmer for their contributions to improving British-Spanish relations. The Spanish Ambassador to London, the Marquis of Santa Cruz, always supported the Society, which, in his own words, was a "vertebral spine of the friendship between our two countries in London".[132]

---

130 "Chairman's Speech at the Annual General Meeting on Monday. June 22, 1970", *The Anglo-Spanish Society Quarterly Review*, 75 (Summer 1970), 8–10.

131 Nan Baxter, "Rags to Riches", *The Anglo-Spanish Society Quarterly Review*, 179 (Summer 1998), 14–15.

132 "Distinciones españolas a personalidades británicas", *ABC,* 7 October, 1967, 52.

# 6

# The Anglo-Spanish Society
# and Spanish democracy

I n 1973, Hugh Ellis-Rees resigned as Chair of the Anglo-Spanish Society, which had reached stability in the last decade. It was a good time for the Society, because political changes in Spain made the association's work easier. The end of Franco's rule created a "new climate" in relations between Spain and the UK. The Spanish transition to democracy was viewed favourably by the British public. The Spanish diplomatic service was also adapted to the new political system, and there were many changes. When the dictator died in 1975, the then Spanish Ambassador to the UK, Manuel Fraga Iribarne, returned to Madrid to assume responsibilities in the new government, and Manuel Gómez Acebo replaced him as temporary head of the Spanish Embassy. In 1976, an aristocrat, Luis Guillermo de Perinat, was appointed Spanish Ambassador to London in order to meet the challenge of Spanish diplomacy in the UK. In this context, the association continued to progress.

Before Franco's death, Peter Christopher Allen, an English writer and chemist, became Chairman of the Society. In 1952, he had married Consuelo Linares, who encouraged him to learn more about Spanish culture. His wife was also a member of the Executive Committee of the association and participated in several British-Spanish projects. In 1978, King Juan Carlos I awarded Linares Rivas with "El Lazo de Dama de la Orden de Isabel la Católica" for her contribution to the promotion of friendship between both countries. This award was also granted to other Spaniards who lived in London, such as Mabel Marañón and Blanca Tomé de Lago.[133]

---

133  Peter Christopher Allen (1905–1993) studied at Harrow and graduated in Natural Science at Trinity College, Oxford. In 1928, he started to work for Brunner Mond as chemist. This British company was part of the Imperial Chemical Industries (ICI), which he led in the late 1960s. Before that, he had been managing director of the Plastics Division ICI and Chairman of the branch of ICI in Canada. He was

The Anglo-Spanish Society shared the process of transformation which Spain experienced following the death of Franco. A few veteran members resigned from their positions to give way to a new generation. In 1977, Nan Baxter, who had been Honorary Secretary of the association since 1956, resigned and Jean Clough replaced her. All members organised an event to pay homage to Baxter, who had worked for the Society for almost two decades. Without doubt she was a key driver of the Society's success during the 1950s and 1960s.[134]

The Spanish transition to democracy had an impact on the association, but it carried on as normal and remained separate from political affairs. The Executive Committee promoted different activities which combined culture and entertainment. George Labouchere, who was Vice-president, organised a summer outing to Strafield Saye for members in 1977. The association also planned lectures, meetings for Spanish conversation, screenings of Spanish films, concerts and dinners. In addition to these events, the Anglo-Spanish Ball was held. John Scanlan, a lawyer who was an active member of the association in this period, remembered how important the Ball became in the late 20th Century, particularly in the 1980s:

> In those days our Society's main event was a Ball held mostly at the Grosvenor House Grand Ball Room in Park lane. It was a major event in the social calendar attracting between six hundred and a thousand punters. Often Royalty were present. I can remember Prince Edward attending with Princess Elena of Spain and on another occasion Princess Alexandra and her husband, Sir Angus Ogilvy. When the ball took place at Syon House, Prince Charles and Lady Diana graced the occasion.[135]

---

member of the research team that "invented and developed polythene". Allen was also interested in writing. His first book was *The Railways of the Isle of Wight*, where showed his passion for railways. In fact, he "installed an old Spanish shunting locomotive" in his garden and his name was given to "one of the buildings at the Railway Museum in York". See: "Obituary: Sir Peter Allen", *The Independent,* 1 February, 1993: http://www.independent.co.uk/news/people/obituary-sir-peter-allen-1470259.html [01/08/2014]. See also: "Annual General Meeting", *The Anglo-Spanish Society Quarterly Review*, 107 (Winter 1978), 25. Consuelo María Linares Rivas (1924–1991) was the daughter of Margarita Kearney Taylor, who founded a famous tearoom in Madrid in 1931: the Embassy. This café was frequented by British and Spanish personalities, such as diplomats, journalists and businessmen. See: John Scanlan, "Memories of an Executive Council Member", *La Revista*, 237 (Summer 2014), 21–22.

134 "Mrs. Baxter. Editorial", *The Anglo-Spanish Society Quarterly Review*, 102 (Autumn 1977), 13–14.

135 John Scanlan, "Memories of an Executive Council Member", *La Revista*, 237

Lolita and Peter Santamaría helping at the October Social Evening (1977)
in shirts specially ordered by Mrs Santamaría.

Photo by Peter Santamaría. The Archive of the British-Spanish Society.

In the 1970s, membership remained stable. The Anglo-Spanish Society
had 500 members, but only 50 of them attended meetings to manage the
association and organised events. In spite of its prosperity, Allen realised
the economy of the institution excessively depended on some exceptional
activities such as the Ball. The Executive Committee took measures to
solve this problem. In 1979, membership fees were increased to ensure a
proper annual income and to enable them to plan relevant educational
activities.[136]

This solvency allowed the Society to relaunch the modest scholarship

(Summer 2014), 21–22. A description of the Anglo-Spanish Ball confirmed what
Scanlan remembered. "Las Infantas", *ABC* (8 November 1985), 24.
136 "Annual General Meeting", *The Anglo-Spanish Society Quarterly Review*, 111 (New
Year 1980), 11–12.

programme which it had started with many difficulties in the 1970s. Thanks to the Society's new financial standing, a few Spanish students, like Miguel A. Zazo Vázquez, were awarded with small amounts of money to visit England and to learn English. Some scholarships were also granted to British students, such as Gillian Tingay, who wanted to study music and other disciplines.[137]

The Anglo-Spanish Society also created the Santa Cruz Literary Prize, which was named in honour of José Fernández Villaverde for the support he had given the association for 14 years. Members chose the best article published in *The Quarterly Review* during the year, and this literary competition served as an incentive for increased contributions to the journal.

In 1980, Peter Allen resigned as Chair. From that point onwards, former British Ambassadors to Madrid generally took the position of Chair. After leaving the British Embassy in Spain, they became the perfect candidates to manage the association. This kind of "revolving door" was established as a tradition by Arthur Hardinge, who, after being the British Ambassador to Madrid during the Great War, participated in the Society in the 1920s. This recruitment policy had many advantages, because they understood bilateral relations first-hand and had personal contacts in both countries.

According to this tradition, John Wriothesley Russell, who had been British Ambassador to Spain in the late period of the dictatorship, replaced Allen as Chairman of the Society in 1981. However, after three years, Russell died suddenly. During the short time of his tenure, there were few changes and events. The most important date in the Society's calendar during this period was March 1984, when a group of Society members visited Madrid. Sheila Stewart, who was part of the Executive Committee, planned the outing and the British Ambassador, Richard Parsons, hosted a reception for them at his residence. They went to the Palacio de Oriente for a reception with King Juan Carlos I, who, after two years, met with the members of the Anglo-Spanish Society once again during his official visit to the UK.[138]

137 "Anglo-Spanish Society News", *The Anglo-Spanish Society Quarterly Review*, 115 (1981), 22.

138 John Scanlan, "Memories of an Executive Council Member", *La Revista*, 237 (Summer 2014), 21–22. Further information: "Recepción en la Embajada de Gran Bretaña", *ABC*, 25 March, 1984, 41 and "El Rey, primer Monarca extranjero que intervendrá ante el Parlamento británico", *ABC*, 6 April, 1986, 22. John Wriothesley Russell (1914–1984) went to Eton and Trinity College, Cambridge. In 1937, he entered the British Diplomatic Services, and he was sent to Vienna, Moscow, Washington, Warsaw, Rome, New York and Tehran. In 1959, he was appointed head of the

In 1984, the Duke of Wellington was elected to replace Russell, but he played only an honorary role. During his tenure, Baronet Ronald Alexander Lindsay, another aristocrat, led the association. Some years before, Lady Lindsay (Nicky Storich) had encouraged him to join the Society. While he was Vice-president for one decade, she was member of the Executive Committee. Lady Lindsay became a great figure of the association. She and María Belén Parker (a daughter of Mabel Marañón who married to an English lawyer) planned many events from 1984 to 1990.[139]

During this period, Spain joined the European Economic Community (1985), which the UK had been a member of since 1973. These international movements and the consolidation of Spanish democracy had a positive effect on British-Spanish relations. In this context, King Juan Carlos I and Queen Sofía paid an official visit to London in 1986. Many members of the Anglo-Spanish Society took part in the preparations and events related to this visit, which John Scanlan described as follows:

> It was huge success. Marina [his wife] and I were delighted to attend the main festivities, which included an intimate dinner in the Mansion House, a subsequent reception and dinner at the Guildhall, where King Juan Carlos and Queen Sofía received a standing ovation from the assembled company, and a fabulous reception at the royal family attended mingling with the other guests. King Juan Carlos

News department in the Foreign Office, where he worked before becoming British Ambassador to Ethiopia and to Rio de Janeiro. In 1969, he was transferred to Spain, where he was British Ambassador until 1974. In his time in Madrid, he tried to improve British-Spanish relations at a moment when Franco was very old. He also wanted to solve problems in Gibraltar. After his tenure as Ambassador to Spain, he retired and collaborated with many associations. See: "Sir John Russell", *The Times*, 7 August, 1984, 12. During the tenure of Russell, Paul Graham replaced Florence Doyle-Davidson as treasurer and she was appointed Foreign Correspondent. See: "Annual Dinner at the Inn on the Park", *The Anglo-Spanish Society Quarterly Review*, 125 (Summer 1983), 10–11.

139 Ronald Alexander Lindsay (1933–2004) was born in Richmond (Yorkshire) and went to Eton. After that, he graduated in history at Worcester College, Oxford. He worked for Swan and Everett company as insurance broker. In 1964, he met and married Nicky Storich. They had three sons and one daughter. She transmitted to him her passion for Spain and Spanish culture. Both were active in the Anglo-Spanish Society and took part in many initiatives to improving British-Spanish relations. Ronald Lindsay was honoured with the "Encomienda de la Orden de Isabel la Católica" in 1988. See "Sir Ronald Lindsay of Downhill, Bt", *The Telegraph*, 20 April, 2004. See: http://www.telegraph.co.uk/news/obituaries/1459703/Sir-Ronald-Lindsay-of-Dowhill-Bt.html [05/08/2014].

and Queen Sofía also paid a private visit to the Society at its then headquarters in Cavendish Square.[140]

Besides this exceptional event, the Society also reached great stability and prosperity. The number of members increased to 600 in 1986. The Executive Committee took advantage of this good financial situation to support other similar institutions. In 1986, for instance, a part of the Ball's income was shared with the Spanish Welfare Fund for Great Britain and Northern Ireland, which helped Spanish residents in the United Kingdom. This institution had been created by Mabel Marañón and a group of women in 1956. In this way, both organisations shared many things: objectives and members.[141]

By the middle of the 1990s, the Duke of Wellington and Ronald Lindsay resigned from leading the Anglo-Spanish Society, but they remained as members. In 1995, Robert Wade-Gery, who had been a minister in the British Embassy in Madrid, was named Chairman. Over the course of his tenure, the association scheduled many outings to visit exhibitions, places or institutions related to Spain. The Summer Outing, which, judging by the number of participants, was a great success, became institutionalised. Additionally, lunches and dinners were hosted, and would often include talks by key figures linked to British-Spanish relations. In November 1996, the speaker was the historian Felipe Fernández-Armesto and, at the beginning of 1997, a politician, Tristan Garel-Jones, also gave a speech. In November 1997, the lecturer was Ian Michael, who was King Alfonso XIII Professor at the University of Oxford.[142]

---

140 John Scanlan, "Memories of an Executive Council Member", *La Revista*, 237 (Summer 2014), 21–22.

141 Maite de Despujol, "The Spanish Welfare Fund for Gt. Britain and Northern Ireland", *The Anglo-Spanish Society Quarterly Review*, 136 (Summer 1986), 18–19. See also: Sandra Coombs, "Report on the 37th Annual General Meeting", *The Anglo-Spanish Society Quarterly Review*, 136 (Summer 1986), 22–23.

142 "Luncheon", *The Times*, 31 January, 1997, 20. See also: "Anglo-Spanish Society Visit to Delfina", *The Anglo-Spanish Society Quarterly Review*, 174 (Spring 1997), 30–31. The Duke of Wellington went on to become honorary Vice-president until his death in December 2014. See: Jimmy Burns, "Obituary: Arthur Valerian Wellesley, 8th Duke of Wellington", *La Revista* (July 2015), 9. Robert Lucien Wade-Gery (1929–) entered the British diplomatic services in 1951. He worked at the department of Economic relations in the Foreign Office until 1954. After that, he was sent to Bonn, Tel Aviv and Saigon. From 1973 to 1977, he was appointed minister in the British Embassy in Madrid. He learnt Spanish, and was witness of the Spanish transition to democracy. After this appointment, he was sent to Moscow, where he worked from 1977 to 1979. He was also high Commissioner to India. See the interview to Robert Wade-Gery

The Society also supported musical events. Many members of the association loved music and promoted Spanish musicians. On 30 May 1996, for example, the institution supported a concert by Enrique Pérez Guzmán, a pianist born in Madrid, at the Wigmore Hall in London. Other Spanish musicians were supported during the 1990s. In this way, the Society stayed true to its principles, since musical performances of flamenco and Spanish classic music had been programmed since the 60s.[143]

Under the chairmanship of Wade-Gery, the scholarship programme was continued and at least one student from either the UK or Spain was awarded every year. A fund was created with members' donations to support this educational project. In 1996, the grant went to Anna Champeney, who was studying Galician craftwork and used the money to do a research trip to Galicia. She gave a lecture on her findings to the members of the Society.[144]

The association developed collaborative networks with other entities that promoted Spanish and Latin-American cultures in the United Kingdom. In this period, the Society worked together with the newly-founded Instituto Cervantes in London, the Spanish Club and the Spanish Tourist Office in London. A few members participated in events organised by the other associations. For example, the institution supported the Jorge Luis Borges Lecture that the Anglo-Argentine Society and the British-Mexican Society organised in 1997. The speaker was Hugh Thomas.[145]

Before the end of Wade-Gery's tenure, the 40th anniversary of the association was celebrated. The General Meeting of 1958 was defined as the foundation of the Society, suggesting that the majority of members recognised themselves through the Society that Balfour had reorganised. This anniversary was commemorated with an event and a publication. The Spanish Ambassador to the UK, Alberto Aza Arias, hosted a reception for members at his official residence, and a special-issue of *The Quarterly Review* was published, including anecdotes and stories about the institution.[146]

In 1999, Robin Fearn, a former diplomat, was named Chairman of the Anglo-Spanish Society. He had served in Latin America, playing an important role in the Falklands Conflict, and had been British Ambassador to Spain from 1989 to 1994. After his retirement from the post, he joined

by Malcolm McBain (13 February 2000): https://www.chu.cam.ac.uk/media/uploads/files/Wade-Gery.pdf.

143 "Multiple Display Advertising Items", *The Times*, 25 May, 1996, 16.

144 "Anglo-Spanish Society Grants", *The Anglo-Spanish Society Quarterly Review*, 174 (Spring 1997), 35.

145 "Lecture", *The Times*, 4 February, 1997, 20. See the list of sponsors in *The Anglo-Spanish Society Quarterly Review*, 174 (Spring 1997), 38.

146 "Reception", *The Times*, 7 July, 1998, 22.

the association and became Vice-president during the tenure of Robert Wade-Gery. He knew the cultures of Spain and Latina America well, and was already involved in the institution when he was elected as Chair.[147]

Robin Fearn acted quickly by initiating the legal transformation of the Society. In a General Meeting in 1999, members agreed that the association should be registered as a "company limited by guarantee" (a kind of non-profit entity) and to start the paperwork in order to transform the institution in a Charity (an organisation for charitable purposes), which was officially formed at the beginning of 2000. This metamorphosis provided legal stability for the Society, which already followed the principles of non-profit organisations. Finally, the Anglo-Spanish Society's statutory framework was adapted to enable it to become a registered charity under UK law.[148]

According to UK charitable principles, the association paid special attention to its educational work, which was already one of its main objectives. The Society continued to award the Santa Cruz Literary Prize and the Anglo-Spanish Society Student Travel Prize, which became institutionalised. Additionally, many members were interested in recovering the groups for Spanish conversation, which, in this occasion, were organised by Mariuska Chalmers.[149]

These educational projects coincided with favourable diplomatic circumstances. From 1999 to 2004, Santiago de Mora-Figueroa, the Marquis of

147 Patrick Robin Fearn (1934–2006) was born in Barcelona, where his father led the Spanish division of the British company BBA. However, the outbreak of the Spanish Civil War forced his family to seek refuge in the UK. After going to Ratcliffe College, Fearn read French and Russian at University College Oxford. For some years, he worked for Dunlop Rubber Company in the Caribbean. In 1961, he joined the British Diplomatic Services, and he was sent to Caracas, Havana and Budapest. After these appointments, he worked for different departments in the Foreign Office. He became head of the South America Department in 1979. During his reign, he had to face the Falkland War, taking part in negotiations between the governments of Argentina and the UK. He was appointed Ambassador to Havana from 1984 to 1986. He was also British Ambassador to Madrid from 1989 to 1994. He retired, and started to collaborate with the Anglo-Spanish Society and other organisations. See: "Sir Robin Fearn", *The Times,* 2 October, 2006, 50; and "Sir Robin Fearn", *The Telegraph,* 2 October, 2006.

148 "The Anglo-Spanish Society Annual General Meeting", *The Anglo-Spanish Society Quarterly Review,* 185 (2000), 14.

149 "The Anglo-Spanish Society Annual General Meeting", *The Anglo-Spanish Society Quarterly Review,* 185 (2000), 14. See also: "Anglo-Spanish Society", *The Times,* 25 October, 2000, 24; "Dinners", *The Times,* 16 November, 1999, 26; "Luncheons", *The Times,* 25 October, 2001, 24.

Lady Parker and Adrian Wright with their insignias and scrolls of
"Cruz de la Orden de Isabel la Católica" for their contributions to
Anglo-Spanish relationships (around 2000).

The Archive of the British-Spanish Society.

Tamarón, was the Spanish Ambassador to the UK. He had been head of
the Instituto Cervantes, and he and his wife showed great interest in the
Anglo-Spanish Society. A few British politicians joined the association
and brought new energy into the organisation. Lord Tristan Garel-Jones,
a Conservative politician who had several links with Spain, collaborated
with the association, and in June 2001, he hosted a lunch in the House
of Lords for Society members.[150]

From 2002, David Brighty, who had been British Ambassador to Spain
from 1994 to 1998, was Chairman of the Anglo-Spanish Society. During
previous years, he had participated in many events, and had joined the
Executive Committee. His first contact with Spanish culture took place
during his childhood, because he had studied Spanish in his school years
and later travelled around Spain, from Irún to Tarifa, before going to
Cambridge University.[151]

As Chairman, David Brighty went through difficult times with the

150 "Luncheons", *The Times,* 18 January, 2001, 24.
151 "Appointment", *The Times,* 10 January, 2002, 18. See also: "Our New Chairman",
*The Anglo-Spanish Society Quarterly Review,* 193 (Winter 2002) 1.

organisation, which, according to Carlos Miranda, was "moribund, with a lack of funds, and a shortage of young members". Although this description might be an overstatement, the institution was certainly facing problems, and a reshaping was inevitable to ensure its continuity.[152]

The first changes took place in 2004 and coincided with the appointment of a new Spanish Ambassador to London: Carlos Miranda. Dorothy McLean, who was married to a well-known Briton and had learnt Spanish during her stay in Bolivia, replaced Nicola Lloyd Williams as Honorary Secretary of the Anglo-Spanish Society. In 2004, Alan Slater resigned from his post, and Muir Sutherland, who knew Spain well and had a Spanish wife, became treasurer. In 2005, Albert Jones, who was the Chairman of the Spanish Circle of Sutton, and Bethan Jones, who had actively participated in the events of the Anglo-Spanish Society, joined the Executive Committee.[153]

Brighty and the Executive Committee faced a progressive drop in membership that caused financial instability. The Chairman made an emergency appeal for new members and the Spanish Ambassador Carlos Miranda helped him to contact Spanish companies that could be interested in supporting the Society. It was not an extreme situation, but this financial problem caused delays in the implementation of a new educational project which the Society had been outlining. In fact, the Executive Committee was planning an ambitious scholarship scheme to fulfil its philanthropic objectives as a Charity. Even so, this project would have to wait for some time.[154]

In addition to that appeal and the search for sponsors, the Executive Committee wanted to relaunch Anglo-Spanish Society events for young members, which had been very important for the association during the 1990s. The promoters of this institution had aged and it was believed that the future of the Society should be a combination of experience and youth. For this reason, in the beginning of the 21st Century, Bethan Kelly revived meetings for young members, which was undoubtedly a breath of fresh air for the Society and helped it to bring in new younger members.[155]

152 "Anglo-Spanish Awards Ceremony", *The Anglo-Spanish Society Quarterly Review*, 218 (Summer 2008), 6–8.

153 *The Anglo-Spanish Society Quarterly Review*, 204 (Christmas 2004), 4–6; and *The Anglo-Spanish Society Quarterly Review*, 208 (Christmas 2005), 20.

154 "Chairman's Message", *The Anglo-Spanish Society Quarterly Review*, 212 (Christmas 2006), 5; and "Message from our Chairman", *The Anglo-Spanish Society Quarterly Review*, 213 (2007), 3.

155 "Young Members' Event", *The Anglo-Spanish Society Quarterly Review*, 213 (2007), 16.

After managing the association for over seven years, David Brighty thought it was time to find a replacement. He therefore proposed Stephen Wright, who had been British Ambassador to Madrid from 2003 to 2007, to replace him. After the appropriate management bodies approved it, Wright became Chairman in 2007. Although he had few contacts with the Society, he had participated in a similar institution which had been formed in Madrid in 1980: la Fundación Hispano Británica. Furthermore, he had lived in Spanish-speaking countries such as Chile, and had met many Spanish politicians during his years as diplomat.[156]

During his years as Chairman, Stephen Wright aspired to foster two projects that followed the reformist line that Brighty had started to draw. The scholarship programme, which Bridghty had planned in the beginning of the 21st Century, was finally launched. Wright also built a stable administrative structure through the creation of a professional secretary and the reorganisation of the Executive Committee, to which Jimmy Burns Marañón joined as Vice-president. Both projects allowed the Society to have a major social impact and to improve its operation.

In order to carry out the first one of these plans, Wright secured the support of different sponsors, who had already shown their interest in the project when David Brighty had been Chairman: Abbey (the Santander group), O2/Telefónica, Cuatrecasas, BBVA and Ferrovial. It was thanks to these companies that the Anglo-Spanish Society was able to launch an ambitious scholarship scheme in 2008. Albert Jones, who was a member of the Executive Committee, began to manage all the applications for this programme, a difficult task which he accomplished for many years. He was assisted by Paul Pickering, who joined the Grants Committee, and both sought the advice of University Professors (such as Robert Archer, who held the Cervantes Chair) to select the winners. This educational project was supported by the Spanish Ambassadors to London, Carlos Miranda and his successor, Carles Casajuana Palet, who offered the Embassy to celebrate the award ceremonies.

The scholarship programme had been established with the goal of

156 Stephen Wright is the son of a diplomat. He was born in Quito and spent his childhood in Chile, where he learnt Spanish. Since then, his contacts with Spanish-America have been frequent, because he visited his family in Honduras and became British Ambassador to Havana (Cuba). Before he was appointed Ambassador to Madrid, Stephen Wright had been British representative in Brussels from 1982 to 1984. During this period, he met many Spanish politicians and was attentive to Spanish transition to democracy. This information was provided by Stephen Wright, who offered me an interview in April 2014. I want to express my gratitude for his collaboration.

enabling Spanish and British students to carry out their PhD researches or continue their studies at a university in the UK or Spain. The scholars worked in different disciplines, from literature and history to music and engineering. Each sponsor of the Society provided one grant which was sometimes shared by a group of researchers. The first award ceremony was held at the Spanish Embassy in London on 28 April 2008, marking the beginning of one of the most important projects organised by the Anglo-Spanish Society.[157]

The second objective Wright pursued might seem less exciting, but it was of course very pragmatic. In the beginning, the association had enough money to employ a person to work as secretary in a part-time basis. However, the bureaucratic necessities of the Anglo-Spanish Society forced the Executive Committee to find a way to consolidate a full-time position for paperwork and management. Another Spanish institution, the Instituto Cervantes in London, contributed to solve this problem. The head of this entity and Wright reached an agreement to share the expenses this position required. This collaboration allowed to hire two people to manage the daily administrative tasks of both organisations. In theory, one of these secretaries was in charge of scholarships and events, and the other should deal with financial issues and membership.[158]

Besides these projects, the association was modernised in many ways during this period. For example, Wright promoted the Society's website, which, although it had been active online since 2006, was hosted on the Spanish Embassy's digital portal. The rise of the Internet during this time made it necessary for the Anglo-Spanish Society to have its own web page, which became independent at the end of 2007. The website was slowly populated and played a significant role as link between the association and the public.[159]

The successor to Stephen Wright as British Ambassador to Madrid, Denise Holt, also replaced him as the highest officer of the association, becoming the first woman to hold the Chair position of the Society. She had served as a diplomat in Mexico and in Spain, but also had previous links with the Spanish culture, having studied Spanish at the New

157 In 2008, the association awarded scholarships to the following students: Miguel Fernández-Longoria, Dr Jackeline Agorreta, John O'Neill, Sizen Yiacoup, David Lobina and Ignacio García Faubel. "Anglo-Spanish Awards Ceremony", *The Anglo-Spanish Society Quarterly Review*, 218 (Summer 2008), 6–8.

158 In 2008, Siobhan Songour and John Jinks were appointed to these positions. See: "Chairman's Message", *The Anglo-Spanish Society Quarterly Review*, 219 (Autumn 2008), 5.

159 *The Anglo-Spanish Society Quarterly Review*, 209 (Spring 2006), 21.

Hall School, Chelmsford, and specializing in Spanish and French at the University of Bristol.[160]

From 2009 to 2013, Holt managed the association with the assistance of a renew group of leading members. In previous years, Jimmy Burns Marañón, Pilar Brennan and Albert Jones had joined the Executive Committee. There were also many changes to important positions. Muir Sutherland resigned as treasurer. At the beginning of Holt's leadership, Mark Phillips replaced him, but Jaime Hugas, who had studied at ESADE and had extensive experience in the financial world, became treasurer in 2012. Lucía Lindsay and Carmen Bouverat were appointed as the Acting Events Organisers. In addition to this, professionals in business (José Ivars-López, Jaime Arranz, etcetera) dealt with different issues, such as the corporate image of the Society and advertising support. Finally, María Ángeles Jiménez-Riesco was made responsible for the "Corporate Supporters" of the association.

Denise Holt sought to energise "a society that was dying on its feet", by encouraging focus on three objectives: increasing membership, raising profile by a balanced and properly planned programme of events, and ensuring the continued strength of the scholarship scheme that Wright had launched in 2008. In these tasks, she received support from the secretaries, originally Siobhan Songour and Jordi Castro; latterly Beatriz Gago and Virginia Cosano.

Trustees and Committee members were especially interested in increasing membership. For this reason, they endeavoured to bring in young Spaniards who worked and studied in London closer to the association, in line with the ideas Bethan Kelly had introduced some years before. This attempt was intended to revive the Society and increase the number of members through outreach to young Spanish professionals, who were joining the association.

A new programme of events was also planned with something for everyone over the course of the year. In addition to this, some events of the Society were organised by professionals. For example, David Hurst was in charge of planning the association's Gala Dinners, which were attended by VIP guest speakers, such as Michael Portillo, a Conservative Party politician who served as Shadow Chancellor, and Boris Johnson, Mayor of London. These dinners were well-attended and were supported by the RAC Club.

During her tenure, Denise Holt sought companies to support the scholarship scheme. Thus, BUPA, which operated as Sanitas in Spain,

---

160 I would like to thank Denise Holt for answering my questions.

Michael Portillo
addressing the Society
members at the
Anglo-Spanish Society
Annual Luncheon at
the Travellers Club,
Pall Mall, London
(Tuesday, 3 June 2003).

The Archive of the
British-Spanish Society.

joined the association as principal supporter of the grant programme for Spanish and British students. Thereafter, one of the Anglo-Spanish Society scholarships was offered to researchers whose work focused on Medicine. In addition to this, the association received support from other companies (such as *Hello* or Ibérica) to keep this educational project.[161]

One of the major changes of this period affected the *Anglo-Spanish Society Quarterly Review*, which had a new editor in 2010. After 23 years editing the journal, Adrian T. Wright was replaced by Jimmy Burns Marañón, who used his professional experience to remodel the magazine. He had worked for the *Financial Times* for three decades, and knew the British press perfectly. He modified the design, format and content, to modernise the publication, which was renamed in Spanish: *La Revista.*

In 2013, Jimmy Burns replaced Denise Holt as Chairman of the Anglo-Spanish Society. His family had been part of the association

---

161 "Bupa. Principle supporter", *La Revista*, 230 (Winter 2011), 8.

Chairman Jimmy Burns Marañón meets with Queen Sofía
at the Cervantes Institute, London (April 2014).

The Archive of the British-Spanish Society.

since 1950s and his appointment broke with the tradition in electing
an ex-diplomat or businessman to hold the Chair. In contrast, he is a
journalist and writer, but, without doubt, has an excellent understanding
and appreciation of British-Spanish relations. He has participated actively
in the day-to-day running of the institution in the last decades, and has
collaborated closely with two Spanish Ambassadors to London: Carlos
Casajuana and Federico Trillo.[162]

His tenure began with the publication of a document with the title:
*The Vision for the British-Spanish Society 2013–2016*. Firstly, this text
announced that members had decided to rebrand the institution to the
British-Spanish Society. Secondly, it recognised the efforts that the previous
Executive Committee had made "to bring hope" during the crisis time.
The membership numbers had increased (up to 600 members) and the
corporation had signed new agreements with different "companies with
a significant international profile and important presence in the UK and
Spain". However, the document was written to outline a group of projects

162 I want to express my gratitude to Jimmy Burns Marañón for the information.

and reforms that should be done. For example, the Executive Committee was renewed. Jaime Hugas was elected Vice-Chairman and Jaime Arranz Conque replaced him as treasurer. Two former holders of the Society scholarships who have academic and professional experience, María Ángeles Jiménez-Riesco and Miguel Fernández-Longoria, are now in charge of managing the scholarship programme, which had already improved with new bursaries.[163]

There were more changes. María Soriano became a member of the Secretariat, contributing to launch a new website and profiles on Facebook and Twitter. Amy Bell replaced Jimmy Burns as editor of *La Revista*. The new young British editor works for the *Financial Times* and has a good understanding of Spanish language and culture, having spent time living in Spain.[164]

Alongside these changes some traditions have remained. For example, the Gala Dinner is periodically celebrated and has become one of the Society's main events. In the spring 2014, the Conservative politician Esperanza Aguirre was the guest speaker at the Gala Dinner held at the House of Commons. There was great media coverage of this event, which served to raise funds for the Society and, consequently, to support the scholarship scheme.

The leadership of Jimmy Burns has focused on preparations for the centenary of the Society, and this book is a contribution to these centenary celebrations. Although it is too early to analyse what has happened during these last years, membership is progressively increasing, important events are being planned, while the new era of *La Revista* and the improvements in the scholarship programme suggest that the rebranded British-Spanish Society will continue in its philanthropic mission for a long time. For this reason, it is almost certain that this institution will still be a meeting point for those who wish "to promote friendship and understanding between the people of Britain and Spain through knowledge of each other's customs, institutions, history and way of life".[165]

163 María Ángeles Jiménez-Riesco and Miguel Fernández-Longoria hold PhDs in History. She is currently carrying out a post-doctoral research at the Cañada Blanch Centre for Contemporary Spanish Studies (LSE) and he is head of Portfolio Management in the London division at "Banco Santander".

164 In September 2013, other members of the Executive Committee were: Lucia Cawdron (Events), Carmen Bouverat (Events), Christopher Nason (Strategy), Pilar Brennan (Institutions), Albert Jones (Grants), Sara Argent (Communications), José Ivars-López (Corporate Development)...

165 It is the British Spanish Society's central mission: http://www.britishspanish society.org/.

# 7

# Epilogue

What appears in these pages is the history of the British-Spanish Society and the effect of its action in the relations between the UK and Spain during the 20th Century. It was a non-political organisation, but the governments of both countries had interests in controlling it, which demonstrated that culture was a very useful tool in the diplomatic sphere. In its first period, this institution was in harmony with the Foreign Office's objectives, but it came to be led by the Spanish Embassy in London after World War II.

The history of the British-Spanish Society is a perfect example of how cultural strategies have played a key role in foreign policy since the early 20th Century. Undoubtedly the Instituto Cervantes, the British Council and the Institut Français have contributed, and are still contributing, to international affairs. These institutions not only promote the teaching of modern foreign languages but also bring different worlds together, pursuing diplomatic objectives which no one would have expected. Although many variables have prevented us from making an appropriate comparison, associations like the Anglo-Spanish Society set a precedent in the usage of culture in international relations.

Today, states have modified their foreign policies, including a wide range of strategies in line with a globalised world. Governments have become aware of the importance of culture in diplomatic relations and have used it to intervene in foreign affairs. Many countries have institutions which are designed to strengthen their own national images abroad. However, from the beginning, the Anglo-Spanish Society was promoted by the UK Foreign Office and, while many members were Spanish and Latin-American, it was under British control.

As previously mentioned, a group of British academics, businessmen and politicians created the Anglo-Spanish Society to reach several commercial and strategic objectives during the Great War. However, this association only partly met these objectives; it intended to counteract German influence on Spanish public opinion, but it had a limited impact on Spain. The Society also pursued the improvement of British trade with Spanish-American countries. It was believed that the wider learning of Spanish in Great Britain should be encouraged and that a better knowledge of this language would help British companies to do business with Latin America. The Anglo-Spanish Society played a significant role in the diffusion of Spanish language teaching in England and Scotland, but it is difficult to determine the direct connection between this and the improvement of commercial relations.

In fact, British trade with Spanish speaking countries became worse in the early 20th Century. While Britons benefited from a commercial treaty signed by Spain and the UK, it was an exception. The decline of British trade stopped after the Great War, but the UK was not as influential in the Latin American market as it had been in the late 19th Century, and the USA maintained economic control over those countries since 1914. It is difficult to prove the economic impact of the Anglo-Spanish Society, but, needless to say, this association made many efforts to help British companies to do business in the "New World". For example, the institution brought entrepreneurs and diplomats together to strengthen British-Spanish commercial links.

The Society was established to respond British foreign policy during the Great War, but functioned mots effectively in peacetime. The end of the conflict brought stability for the institution, which carried on even when its ties with the Foreign Office were cut. The association had already started to grow, setting up branches in Oxford, Cambridge and Glasgow. Most of these regional branches were linked to universities in order to accomplish the Society's educational mission.

The Society promoted Spanish culture in Great Britain through different events and projects. It should be highlighted that the institution played an important role in the development of the Spanish language in the British education system. Many members collaborated to set up departments of Hispanic Studies in the main UK universities. In addition to the efforts of certain individuals (e.g. entrepreneurs who were doing business in Latin America) and other organisations (e. g. the Board of Education), who also played part in promoting Spanish language-learning in Britain, the Society made a significant contribution to introduction of Spanish studies in the UK.

The Society was restructured during 1924 to 1925. The main purpose was to ensure its stability and continuity. Nevertheless, these changes did not avoid a relative standstill, while its branches grew apart of London headquarters. The decline of the institution came in the late 1920s, particularly during the Great Depression in 1929. The Hispanic and Luso-Brazilian Council assumed the functions of the Anglo-Spanish Society, which reduced its activities in the late 1930s. World War II caused the end of this organisation with a dissolution in 1947.

In 1950, the League of Friendship was founded, but its dynamic was different from the Anglo-Spanish Society. It was no longer intimately related to the British Foreign Office, but rather, it followed the policy articulated by the Spanish Embassy in London. The association's journal and events collaborated to implement a propaganda campaign of Spain to bring an end to the international isolation of Franco's dictatorship and promote tourism.

During its first stages, the League faced many financial problems and, under the influence of Spanish diplomacy, its activities were politicised. Everything changed in 1958. In that year the League was rebranded as the Anglo-Spanish Society, but, above all, the association was creating its own socio-cultural space, where members have interacted for decades. In the 1960s, membership increased progressively, corporations sponsored the association's activities and its finances were much more stable. These improvements allowed members to schedule a great number of events and to promote Spanish culture in London, which became the Society's field of action in the second half of the 20th Century.

The end of the dictatorship and the transition to democracy in Spain had a significant impact on the Anglo-Spanish Society, which was updated to better deliver on its mission. The institution moved "from being a loosely defined association to becoming a registered Charity under UK law", and members became particularly interested in reaching educational aims, which had been the focus in previous years. The new scholarship scheme, the updated journal and commercial sponsorship have allowed the organisation to make great progresses in the beginning of the 21st Century.[166]

In conclusion, the Anglo-Spanish Society (now the British-Spanish Society) has lasted because it has adapted over time and strengthened ties between Spain and the UK. Far from being obsolete, the institution is still in good health after 100 years. For this reason, it is believed that the Society will continue in its mission to promote "friendship and understanding between the people of Britain and Spain" for a long time.

---

166 *The* Vision *for the British-Spanish* Society *2013–2016*. See this work on: http://www.britishspanishsociety.org/wp-content/uploads/2013/11/BritishSpanishSociety_Brochure.pdf.

## 8

# Appendix: Memories of a retired member of the Executive Council of the Society

*by* John Scanlan

My late wife Marina and I joined the Anglo Spanish Society over forty years ago, when Sir Peter Allen was Chairman. He had been Chief Executive of ICI and was married to the elegant and charming Consuelo Allen, whose family owned the glamorous Embassy Café in Madrid. I became a member of the Council. In those days our Society's main event was a ball held mostly at the Grosvenor House Grand Ball Room in Park Lane. It was a major event in the social calendar attracting between six hundred and a thousand punters. Often Royalty were present. I can remember Prince Edward attending with Princess Elena of Spain and on another occasion Princess Alexandra and her husband, Sir Angus Ogilvy. When the ball took place at Syon House, Prince Charles and Lady Diana graced the occasion.

During the reign of Sir John Russell as Chairman a trip to Madrid was organised by the redoubtable Sheila Stewart, who was a loyal member of the Council of the Society for many years. It was a highly successful venture and included an audience with King Juan Carlos at the Oriente Palace. We were requested to form a square in the audience salon before the King processed around the room shaking hands with all of us one by one before delivering his welcoming address.

Over the years I recall various social events organised by Lady Parker and Lady Lindsay respectively. There was a private viewing at the Royal Academy with suitable live background music and alcoholic encouragement. Then there was another spectacular private viewing at the National Gallery of Spanish sculpture in wood, which Jimmy Burns Marañón arranged after a suitable breakfast at the Garrick Club. I was fortunate to see the exhibition again at the Museo National de Escultura in Valladolid.

While José Puig de Bellacasa was in post as Spanish Ambassador to the Court of St James, a friend of mine, Alan Davis, because a High Sheriff of the City of London, when there were rumors of a proposed state visit to the UK by the King and Queen of Spain. Marina and I gave a dinner party at our house in Headfort place to which we asked among other guests Alan and his wife, Pamela, and José Puig de Bellacasa and his wife Paz, so that they might become a better acquainted. Shortly after that Sir Alan became Lord Mayor of London and during his year of office the Spanish Royal visit took place. It was a huge success. Marina and I were delighted to attend the main festivities, which included an intimate dinner in the Mansion House, a subsequent reception and dinner at the Guildhall, where King Juan Carlos and Queen Sofía received a standing ovation from the assembled company, and a fabulous reception at the Spanish Embassy, which Queen Elizabeth and other members of the royal family attended mingling with the other guests. King Juan Carlos and Queen Sofía also paid a private visit to the Society at its then headquarters in Cavendish Square.

On another occasion the Ambassador gave a private dinner party at the Spanish embassy for Prince Charles and Princess Diana to be followed by a concert. On the morning of this event His Excellency was diagnosed by his doctor with severe appendicitis and advised to attend Hospital immediately as a matter of urgency. He decided not to do so before attending the formal dinner and subsequent soiree. When asked by Lady Diana, who was sitting next to him, why he was not eating, he merely complained of an upset stomach! It was only the next day that the truth was revealed, although thankfully the operation was successful. This was a courageous act by his Excellency and beyond the call of duty. I understand that he received a personal letter of gratitude from Lady Diana.

In the year 2000, I was privileged to represent the Society in the company of Mabel Burns, the mother of our current Chairman and Lady Parker at a reception at St James Palace given by Queen Elizabeth for all the Anglo societies including the Anglo-Spanish Society. Although mature in years Mabel was dressed to kill and elegance personified. The two of us were greeted individually by the Queen and Prince Phillip along with representatives from the other Societies before their Majesties circulated with other guests in a larger salon. On another occasion I had the honour of expressing the thanks of the Society and of the Spanish Welfare Fund to Mabel for the immense contribution which she made over many years to the British and Spanish communities especially in London. She did and promoted much welfare work benefiting those in London from her own country, who were in need, and was the voice of Spain on London Radio for a period of years after the Second World War.

I recall happy annual Society summer outings, and in particular the hospitality of Sir Ronald and Lady Lindsay at their country home.

In recent years there has been further development of the Society under the reign of Dame Denise Holt and our current Chairman, which has seen the issue of the new society magazine, *La Revista*, the funding of scholarships by our supporters BUPA, Ferrovial, Telefonica, Santander Universities and BBVA and successful dinners at the Royal Automobile Club and the Houses of Parliament. Our guests of honour on those occasions were Esperanza Aguirre, Countess of Bornos, Boris Johnson, the mayor of London, and Michael Portillo, a former minister in the Government of Lady Thatcher.

As always the continued support and encouragement of the Society by the Spanish Embassy, who allow us to have an annual Summer Party at the Embassy and residence of the current Ambassador, His Excellency Federico Trillo-Figueroa, is much appreciated.

I have greatly enjoyed my time as a member of the Executive Council and the sustained friendships, which I have made through my membership of the Society, now known as The British Spanish Society.

In retirement I have every intention of continuing my love affair with Spain and the Spanish people, and my enjoyment of the Society and its various activities.

24th March 2014

# La diplomacia cultural

Cien años de historia

de la British-Spanish Society (1916–2016)

Dr Luis G. Martínez del Campo

# Nota del autor

En 1916, se cumplía el tercer centenario de la muerte de las dos "glorias literarias" de Inglaterra y España: William Shakespeare y Miguel de Cervantes. A pesar del contexto bélico, las autoridades diplomáticas británicas y españolas aprovecharon este aniversario para realizar una serie de actos conmemorativos y mejorar sus relaciones bilaterales. A finales de ese año, y como complemento a estas celebraciones, se creaba la Anglo-Spanish Society, que, desde entonces, ha contribuido a estrechar los lazos culturales entre ambos países.[1]

Cuando se cumplen cien años de su fundación, parece un buen momento para reflexionar sobre su historia y determinar la influencia que ha tenido en las relaciones hispano-británicas. Los actuales socios de la hoy llamada British-Spanish Society han confiado en mí para llevar a cabo esta tarea y mi primer agradecimiento va dirigido a todos ellos. Mención especial merecen Amy Bell, María Ángeles Jiménez-Riesco, Albert Jones y Jimmy Burns Marañón por sus comentarios a los diferentes borradores de este texto, así como Denise Holt y Stephen Wright que respondieron amablemente a mis preguntas. También debo recordar que el interés de Adrian Wright y John Scanlan por el pasado de la sociedad me ha facilitado mucho mi investigación, que se ha nutrido de la documentación que ellos han compilado o generado sobre este tema. A su vez, Beatriz Gago y Virginia Cosano han puesto a mi disposición la abundante información que el Instituto Cervantes de Londres conserva sobre esta corporación centenaria. A todos y a otros tantos que olvido, quiero expresarles mi más sincera gratitud.

Asimismo, debo agradecer a la Embajada española en Londres y

1 "The King and The Literary Tercentenary", *The Times,* 27, abril 1916. University of London. King's College Archives: KAP/BUR 164. Spanish, General, 1915–1918. A partir de aquí, este archivo se cita como: ULKCA.

especialmente, a Fidel López por su apoyo y sugerencias, así como al Ministerio de Educación Cultura y Deportes de España que ha hecho posible esta publicación a través del programa Hispanex.

También, quiero agradecer a esos londinenses que me hicieron sentir como en casa: Chidi Umeh, Dra. Irina Chkhaidze, Jane Jones y Jesús Rodríguez Montes. Por último, y como es costumbre, debo citar a Dario Ferrer Ferruz y a Inés Giménez Delgado, quienes, a pesar de mis múltiples defectos, siguen apoyándome incondicionalmente en todos mis proyectos y demostrándome que el amor es algo irracional.

# I

# Introducción

Algunos observadores han argumentado que el poder se nutre menos de la fuerza militar y la conquista que antaño. Para evaluar el poder internacional en la actualidad, elementos como la tecnología, la educación o el crecimiento económico son cada vez más importantes, mientras que la geografía, la población o las materias primas son más insignificantes.

Joseph Nye, Jr[2]

Desde la época moderna, las relaciones entre países han estado determinadas por factores comerciales, geopolíticos y militares. Los distintos Estados han recurrido a su desarrollo económico, a su fuerza armada o a las capacidades negociadoras de sus líderes para influir en otras regiones y conseguir una buena posición en el terreno internacional. De ahí que la vieja historia diplomática haya prestado mayor atención a los flujos mercantiles, al poderío bélico de cada potencia y a los contactos que mantenían sus elites políticas. Sin embargo, otros aspectos como la educación, las redes intelectuales o las transferencias de ideas desempeñaron un papel destacado en este ámbito a lo largo de la pasada centuria. En consecuencia, la historiografía especializada ha vuelto su mirada a estos elementos culturales, que han pasado a ocupar un lugar central en el relato histórico.

A principios del siglo XX, la cultura comenzó a ser un componente relevante de las relaciones internacionales. Los servicios diplomáticos de los Estados Unidos de Norteamérica y de muchos países europeos se percataron de que las campañas de propaganda cultural eran muy útiles

2 Joseph S. Nye, Jr, *Bound to Lead. The Changing Nature of American Power* (New York, Basic Books, 1990), 29.

para obtener el apoyo de otras potencias o facilitar sus contactos con ellas. En este contexto, Francia y el Reino Unido fundaron corporaciones educativas que tenían una clara proyección exterior: el Institut Français (1922) y el British Council (1934). El equivalente español de estas organizaciones, el Instituto Cervantes, fue creado mucho más tarde, en 1991.

No obstante, y desde el inicio de la pasada centuria, el Estado español fue dotándose de un grupo de instituciones que cumplieron esa función diplomática a través del fomento de la cultura hispánica y de las relaciones educativas con otros países. En 1907, se creó la Junta para Ampliación de Estudios e Investigaciones Científicas (JAE) y algún tiempo después, en 1921, se constituyó la Junta de Relaciones Culturales (JRC). Ambos organismos fueron ideados para promover los contactos intelectuales con otras naciones europeas y americanas. En 1932, un informe del Ministerio de Asuntos Exteriores de España explicaba como se articulaban estas organizaciones dentro de los recursos que la administración tenía:

> Las relaciones culturales de España con los países extranjeros, se verifican, según las funciones, por medio de diversos organismos. Uno de ellos es la Junta de Relaciones Culturales, orientada en el Ministerio de Estado. Otra es la Junta de Ampliación de Estudios. Las dos tienen fines inversos, y así vienen a completarse, pues mientras la primera se dedica a propagar la cultura española en el extranjero la segunda se dedica a pensionar a españoles para que amplíen estudios en otros países.[3]

En la primera parte del siglo XX, también aparecieron otras instituciones que sólo participaron en las relaciones culturales que España mantuvo con países específicos. Dentro de este grupo, habría que incluir a la

---

3 Archivo del Ministerio de Asuntos Exteriores de España. Sección de relaciones culturales. Legajo R. 2100, nº 6 (1932). En 1907, se creó la Junta para Ampliación de Estudios e Investigaciones Científicas como un organismo autónomo del Ministerio de Instrucción Pública. Esta organización siguió las ideas de Francisco Giner de los Ríos, quien fundó la Institución Libre de Enseñanza en 1876. Durante más de treinta años de existencia, la JAE promovió diferentes instituciones científicas (Instituto Nacional de Ciencias Físico-Naturales) y educativas (la Residencia de Estudiantes de Madrid). Esta Junta contribuyó a la internacionalización de la ciencia española a través de un sistema de becas, que permitió a profesores y estudiantes españoles viajar al extranjero para formarse en sus respectivas disciplinas. El secretario de esta corporación, José Castillejo Duarte, hizo que la Junta estableciera vínculos de colaboración con la intelectualidad británica de la época. Véase: José Manuel Sánchez Ron (coord.), *La Junta para Ampliación de Estudios e Investigaciones Científicas 80 años después, 1907–1987* (Madrid, CSIC, 1988).

Anglo-Spanish Society, cuya fundación fue impulsada por la Oficina de Asuntos Exteriores británica (de aquí en adelante, se citará como Foreign Office), pero acabó siendo un componente clave de los servicios diplomáticos que el Estado español desplegó en el Reino Unido después de la Segunda Guerra Mundial.

Como un ejemplo de estas organizaciones pioneras, el presente trabajo recupera la historia de dicha asociación, la cual cumplió una misión relevante en las relaciones hispano-británicas durante el siglo XX. Su fundación coincidió con la Gran Guerra (1914–1918) y este origen bélico condicionó sus objetivos. Por un lado, su propósito a corto plazo era atraer el apoyo de los países hispanohablantes a la causa de los aliados. Por el otro, trató de promover las actividades comerciales entre Gran Bretaña y las naciones hispanoamericanas, en un momento en el que los Estados Unidos estaban apoderándose de aquel mercado. Esta institución asumía la consecución de estas dos tareas, atendiendo a la estrategia diplomática que la Foreign Office había trazado. Aunque sus fines eran políticos y económicos, sus medios fueron culturales. En realidad, la nueva corporación fomentó la enseñanza de la lengua y la cultura españolas en el Reino Unido. Para ello, creó filiales en varias universidades y ciudades de Inglaterra y Escocia. Estas delegaciones hicieron que alcance de la acción de la Anglo-Spanish Society fuera más allá de su sede central en Londres.

Al terminar el conflicto bélico, la organización fue transformándose y consiguiendo una relativa independencia de la clase política que había impulsado su fundación. En el periodo de entreguerras, contribuyó a la difusión de la docencia del español en Gran Bretaña y a fomentar las relaciones comerciales hispano-británicas. Pero, la falta de apoyo gubernamental, los cambios en el plano internacional y la crisis de 1929 afectaron a su actividad, que sufrió altibajos, antes de quedar reducida a la mínima expresión durante la Segunda Guerra Mundial.

Después de 1945, la asociación no se recuperó y fue disuelta. Sin embargo, el interés de Francisco Franco por acabar con el aislamiento internacional que sufría su régimen dictatorial hizo que la diplomacia española en Londres respaldara los intentos para establecer una organización que retomara la actividad de esa sociedad primigenia. Así nació la Liga de la Amistad, que, a diferencia de su predecesora, estuvo en la órbita de la Embajada española en la capital británica y se dedicó a reforzar la comunicación entre España y el Reino Unido, dejando a un lado los asuntos hispanoamericanos.

A finales de la década de 1950, la Liga recuperó el antiguo nombre de la asociación, volviéndose a llamar Anglo-Spanish Society, y renunció al contenido político que la presión de los servicios diplomáticos le habían imprimido. La institución fue limitándose a ser uno de los principales centros de promoción y cultivo de la cultura española en Londres. Por eso, sus distintos presidentes impulsaron proyectos educativos, varios eventos sociales y una estructura administrativa estable. Todo ello permitió que esta sociedad creciera y asegurara su continuidad.

Con la llegada de la democracia a España, la asociación reafirmó su compromiso con la tarea educativa y social que estaba realizando, y emprendió un camino de modernización que la llevó a convertirse en una Charity, es decir, en una organización sin ánimo de lucro y con una función beneficiosa para la sociedad. En esta última época, sus miembros incidieron en la dimensión pedagógica y cultural de la institución, que actualmente promueve publicaciones periódicas, eventos recreativos y un importante programa de becas para estudiantes, científicos y artistas de ambos países.

Por todo lo anterior, la historia de esta asociación es un inmejorable ejemplo de la importancia que los elementos culturales han tenido en las actividades diplomáticas y en concreto, en la evolución de las relaciones hispano-británicas durante el siglo XX. Ahora que se cumplen cien años de su fundación, merece la pena detenerse a estudiar su pasado.

## 2

# Nacimiento y expansión
# de la Anglo-Spanish Society (1916–1920)

Antes del siglo XX, las relaciones hispano-británicas estuvieron determinadas por estereotipos malintencionados, como la Leyenda Negra o la Pérfida Albión. Estas opiniones adversas tenían su origen en los enfrentamientos que los monarcas ingleses e hispánicos mantuvieron por cuestiones religiosas, comerciales o de otra índole desde la Edad Moderna. Lejos de desaparecer como lágrimas en la lluvia, estas imágenes de enemistad resistieron el paso del tiempo, llegando a coexistir con otras más positivas que surgieron progresivamente en época contemporánea.

A lo largo del siglo XIX, varios acontecimientos pusieron en cuestión esa rivalidad del pasado y dieron lugar a un escenario de entendimiento e incluso de admiración mutua. La Guerra de la Independencia y la resistencia de la población frente a la ocupación francesa provocaron una "hispanofilia súbita" en Albión que derivó en una "revisión completa" de la Leyenda Negra. A partir de entonces, esa oscura y negativa percepción convivió en Gran Bretaña con otras imágenes de los españoles que, si bien eran más románticas y atrayentes, no dejaron de ser idealizadas.[4]

Otros dos procesos históricos afectaron a la percepción que se tenía de España en aquellas islas. El primero fue generado por la vuelta al trono de Fernando VII en 1823, que obligó a numerosos políticos e intelectuales españoles a exiliarse en Londres. Estos refugiados desarrollaron actividades literarias en la capital inglesa que acercaron a los londinenses a la cultura hispánica. El segundo fue el constante flujo de viajeros y escritores británicos que visitaban la Península Ibérica: Lord Byron, George Borrow o Richard Ford. En resumen, la guerra, los exiliados liberales y el

---

4 Enrique Moradiellos, "Más allá de la Leyenda Negra y del Mito Romántico: el concepto de España en el hispanismo británico contemporaneísta", *Ayer* 31 (1998): 183–199.

movimiento romántico permitieron que una idea diferente de los españoles fuera extendiéndose por Gran Bretaña.

Asimismo, la mayoría de las colonias que España tenía en América alcanzó su independencia en el primer tercio del siglo XIX. Estos movimientos emancipadores fueron apoyados por los británicos, que aprovecharon la coyuntura para intensificar su actividad política y comercial en la zona. A finales de aquella centuria, numerosas empresas anglosajonas se instalaron en algunos países de Hispanoamérica, explotando sus recursos mineros, controlando su transporte naviero, construyendo sus infraestructuras y creando sus sectores financieros.

Esta transformación geopolítica y los estereotipos positivos que fueron apareciendo en época decimonónica hicieron que las relaciones entre España, el Reino Unido e Hispanoamérica fueran muy diferentes al iniciarse el siglo XX. Aunque parecía que los españoles habían quedado en un segundo plano, en Londres se les consideró como posibles mediadores en sus contactos con el llamado "Nuevo Mundo". Los británicos nunca olvidaron la influencia cultural que seguía teniendo la vieja metrópoli, que con frecuencia era descrita como una especie de puerta de atrás de los países hispanoamericanos.

Más allá de América Latina, la actividad diplomática hispano-británica del primer tercio del siglo XX estuvo determinada por la intervención de España en el norte de África y por la neutralidad española durante la Gran Guerra. Mientras que el primero de estos asuntos fue objeto de pequeñas disputas entre Madrid y Londres, el segundo fue un punto de inflexión en sus relaciones bilaterales. Desde ese momento, el gobierno británico estuvo muy atento a la vida socio-política española con el fin de atraer el apoyo de los países hispanohablantes a la causa de los aliados.

Y es que, al principio de aquel enfrentamiento armado, el Reino Unido afrontó dos problemas, uno comercial y otro bélico, que afectaban al mundo hispanohablante. Por una parte, las compañías británicas perdieron la posición privilegiada que habían tenido en el mercado latinoamericano, ante el ascenso imparable de los Estados Unidos. Por la otra, Alemania aprovechó el conflicto para promover campañas proselitistas en territorios que, como el español, se habían declarado neutrales durante la Gran Guerra. Por eso, la política que la Foreign Office diseñó para España e Hispanoamérica estuvo dirigida a recuperar su posición económica al otro lado del océano Atlántico y a contrarrestar la influencia germana en Madrid.

En este contexto de cambio, nacía la Anglo-Spanish Society, la cual, aunque fue ideada para emprender una campaña propagandística a favor de los aliados en España e Hispanoamérica durante la Gran Guerra, centró sus actividades en territorio británico, donde promovió la lengua y la cultura españolas.

## 2.1. Los orígenes bélicos

Bajo la influencia del proselitismo que se desarrolló durante
la guerra, se han creado en España sociedades, juntas o
comités de amigos de diferentes países; hay un comité
hispano-belga, comité hispano-francés, comité hispano-inglés,
agrupaciones de amigos de Italia y de amigos de Portugal…

Andrenio[5]

En el verano de 1914, el asesinato del archiduque Francisco Fernando de Austria preludiaba el inicio de la primera "Gran Guerra" del siglo XX. Este conflicto suponía el final de una época que para la burguesía europea había sido un remanso de paz, prosperidad y estabilidad. La "edad de oro de la seguridad" que, según Stefan Zweig, vivió la Europa pre-bélica se desmoronó para dar paso a un periodo de cambio, violencia y desconfianza que se llevó por delante a los viejos imperios: el austro-húngaro, el otomano y el ruso.[6]

La guerra que el atentado de Sarajevo desencadenó se libró en las trincheras, pero también tuvo la retaguardia como escenario. Las potencias beligerantes estuvieron muy pendientes de la opinión pública propia y ajena, e hicieron propaganda en los países neutrales para ganar su apoyo. De esta manera, los ecos de la batalla llegaron a la prensa europea, donde se desató un conflicto dialéctico en el que intervinieron diplomáticos y periodistas.

A pesar de su posición de neutralidad, España estuvo inmersa en esta lucha propagandística desde el primer instante. Después de un año y medio del inicio de las hostilidades, algunos intelectuales españoles reaccionaron contra las injerencias extranjeras. Uno de los primeros en alzar la voz fue el escritor Luis Araquistáin, quien dedicó un artículo a denunciar la campaña proselitista que uno de los dos bandos estaba realizando al sur de los Pirineos. Lejos de ser ignorado, su texto fue reproducido por rotativos ingleses y neozelandeses bajo el título "A neutral warning. Public opinion made in Germany". En su escrito, este redactor de *El Liberal* advertía que

5 Andrenio, *La Vanguardia,* 4 diciembre, 1924, 5.
6 Stefan Zweig, *El mundo de ayer. Memorias de un europeo* (Barcelona, Acantilado, 2001), 17.

los alemanes habían conseguido controlar varios periódicos españoles, a través de los que se granjeaban el apoyo de la opinión pública del país. Esta acusación provocó que algunos periodistas se quejaran y pidieran a su compatriota Araquistáin que diera los nombres de las publicaciones que estaban favoreciendo a Alemania. Casi al mismo tiempo, los británicos empezaron a reclamar a su gobierno que pusiera en marcha alguna estrategia para hacer frente al influjo germano.[7]

El asunto distaba de ser baladí. La posición de la opinión publica de los países neutrales era muy valorada por las potencias beligerantes, que veían en estos Estados a los posibles aliados del periodo de posguerra. De ahí que el gobierno británico considerara una amenaza para sus intereses que estas naciones estuvieran en la órbita de Alemania. El propio Araquistáin apuntaba en esta dirección en su famoso artículo:

> Además, los países neutrales están llamados a desempeñar un importante papel después de la guerra y ésta es la segunda razón por la que deben ser tenidos en cuenta. Si fueran germanófilos, seguramente llegarán a ser instrumentos militares y económicos al servicio de Alemania.[8]

Esta advertencia generó un debate en la prensa británica sobre las medidas que el gobierno de Londres debía tomar para convencer a la opinión pública de los países neutrales de posicionarse a favor de los aliados. Los rotativos ingleses recogieron las propuestas que sus lectores realizaban para ganar esta batalla propagandística. La discusión se centró en España y la lluvia de ideas incluyó sugerencias muy variadas, muchas de las cuales se pusieron en práctica. Entre ellas, estuvo una campaña que reclamó la sustitución del alemán por el español como segunda lengua extranjera en las escuelas de Gran Bretaña. Pero, la propuesta que más éxito tuvo llegó algún tiempo después. En su edición del 14 de septiembre 1916, *The Times*

---

7 La polémica que el artículo generó en España se describe en *El Año Político* (1916), 20. Según señala este anuario, el texto de Araquistáin apareció en los rotativos británicos el 12 de enero de 1916. También fue publicado con el título de "Spain in war time. A neutral warning. Public opinion made in Germany" en el periódico neozelandés *The Dominion*, 9 marzo, 1916, 6. Podemos consultar el texto completo en ULKCA: KAP/BUR 164. Spanish General 1915–1918. El escritor y periodista cántabro Luis Araquistáin Quevedo (1886–1959) mostró cierta germanofobia durante la Gran Guerra. Aunque se formó dentro del ambiente krausista español de principios de siglo XX, ingresó en el PSOE. Durante la II República española, fue embajador en Berlín y en París.

8 Araquistáin, "Spain in war time"..., 6

incluyó una sucinta misiva de un descendiente de la gran dinastía bancaria Coutts & Co: Lord Latymer, quien se preguntaba por qué no se creaba una asociación hispano-inglesa. La cuestión del aristócrata llevaba implícita la recomendación de fundar sociedades de amistad con otras naciones para poder influir en las publicaciones foráneas:

> Se ha constituido una asociación para estrechar las relaciones entre Inglaterra e Italia. ¿Por qué no se ayuda a España y a Inglaterra a que se entiendan mejor a través de medios similares? Seguramente, los españoles estarían interesados en esta idea e imagino que Lord Northcliffe, gracias a su influencia, podría obtener informes de los periódicos españoles...[9]

Tanto esta carta como el debate en el que se circunscribía ponían en evidencia que, por aquel entonces, en Gran Bretaña existía la sensación de que Alemania estaba ganando la guerra propagandística. Muchos británicos observaban que las tesis germanas influían en la opinión pública de los países neutrales y que su propio gobierno hacía poco para evitarlo. Si bien en lo primero podían tener razón, lo cierto es que se equivocaban en la inactividad gubernamental. La Foreign Office estaba muy preocupada por crear las condiciones necesarias para imponer su visión en naciones como España. Eso sí, todo se realizaba con una discreción que ahora se veía alterada por la misiva de Lord Latymer.

Y es que al día siguiente de la publicación de la carta de este aristócrata, *The Times* recogía una extensa nota firmada por un grupo de profesores de la Universidad de Oxford y por el catedrático emérito de la Universidad de Liverpool, John Mackay. Con ese texto, los docentes anunciaron que se estaba impulsando la creación de la Anglo-Spanish Society. Según afirmaban, la fundación contaba con el respaldo tanto del gobierno español como del británico. Ahora bien, todo indica que la iniciativa formaba parte de una campaña de propaganda que la Foreign Office estaba preparando para acercarse a España y a las antiguas colonias españolas en América. El citado Mackay se convirtió en el principal promotor de esta institución multilateral que, mediante el establecimiento de vínculos culturales,

---

9 Lord Latymer, "German in Spain", *The Times,* 14 septiembre, 1916, 7. Lord Northcliffe, Alfred Harmsworth (1865–1922), fue un famoso propietario de diferentes periódicos británicos. Northcliffe tomó parte activa en el debate sobre el influjo alemán en la prensa extranjera. En esa época, el título de Lord Latymer era ostentado por Francis Burdett Thomas Coutts-Nevill (1852–1923), quien tuvo amigos españoles y fue autor de obras como *The Alhambra and other Poems.* Véase: "Obituary. Lord Latymer", *The Times,* 9 de junio, 1932, 12.

debía contribuir a frenar el avance de los Estados Unidos en el mercado latinoamericano y el influjo germano sobre los países hispanohablantes.[10]

Pero, ¿quién era este profesor? John Macdonald Mackay era un conocido catedrático de historia de la Universidad de Liverpool. Durante los años que pasó en esa urbe del norte de Inglaterra, se convirtió en un miembro destacado de la vida social y cultural de la misma. Sin ir más lejos, fue socio del influyente grupo universitario: The New Testament Group. Al iniciarse la Gran Guerra, se retiró de su puesto docente y fue requerido para ayudar a los servicios de inteligencia de la Foreign Office en el desarrollo de las relaciones hispano-británicas.[11]

La implicación de este catedrático jubilado en la organización de la Anglo-Spanish Society derivaba de su colaboración con los responsables de la citada oficina diplomática. Hasta ese momento, el interés de Mackay por la cultura española había sido moderado. Todo apunta a que ni siquiera dominaba la lengua de Cervantes y, desde luego, no formaba parte del reducido grupo de hispanistas británicos. Al menos, era amigo del mayor especialista en literatura española que existía en Gran Bretaña en esa época: James Fitzmaurice-Kelly. Ambos se habían conocido en la Universidad de

---

10  John Mackay, Edward Hilliard et alter "Anglo-Spanish Sympathy. A new Society founded", *The Times*, 15 septiembre, 1916, 9.

11  John Macdonald Mackay (1878–1961) nació en Escocia y era hijo del reverendo John Mackay de Caithness. Cursó filosofía y estudios clásicos en las universidades de Aberdeen y St. Andrews. En 1878, ingresó en el Balliol College de Oxford, donde, bajo la influencia del Dr Jowett, se licenció en historia en 1881. Tres años más tarde, fue nombrado catedrático de dicha disciplina en el University College Liverpool, que, por aquel entonces, todavía dependía de la corporación universitaria federal que se creó en el norte de Inglaterra en 1880: la Victoria University. A partir de entonces, promovió la escuela de historia de ese centro, haciendo especial hincapié en la investigación, y contribuyó a la formación de una universidad autónoma en Liverpool, que se estableció en 1903. Por ello, se convirtió en un miembro muy influyente dentro de esta institución universitaria. En 1914, se jubiló y pasó a colaborar con los servicios de inteligencia británicos. La labor de Mackay fue fundamental para reorganizar el sistema universitario británico en facultades y que su gobierno interno estuviera dirigido por Decanos. Este catedrático fue visto como uno de los principales inspiradores del "new University movement". Fue capaz de convencer a la clase dirigente para poner en marcha estos cambios y ejerció como nexo entre el mundo académico y el político. De ahí que su papel fuera significativo a la hora de crear la Anglo-Spanish Society. Durante la Gran Guerra trabajó para los servicios de inteligencia en asuntos relativos a España. Véase: "University Pioneer. Death of Professor J. M. Mackay", *Liverpool Post and Mercury*, 12 marzo, 1931; y "Professor Mackay", *The Times*, 13 marzo, 1931. Ambos textos son conservados en: The University of Liverpool: Special Collections: D105/4/6.

Liverpool, donde este último profesor ocupó la Gilmour Chair of Spanish entre 1909 y 1916. Otro de los vínculos de Mackay con el mundo hispano-hablante era su hermano, William Alexander Mackay, quien tenía cierta fama en España como fundador del primer club español de fútbol: Huelva Recreation Club (después llamado Recreativo de Huelva). Estos contactos y su prestigio en el mundo académico anglosajón facilitaron la tarea que este docente retirado emprendió. Es difícil saber si la Foreign Office le encargó la creación de la nueva asociación o si fue una iniciativa suya. Lo que sí quedó patente fue el apoyo que diversas instituciones del Estado le dispensaron en este proyecto.[12]

Para fundar la Anglo-Spanish Society, John Mackay recurrió al espacio que le era propio: el mundo académico inglés. En concreto, el veterano catedrático decidió empezar su tarea en la Universidad de Oxford. A finales del siglo XIX, él había sido alumno del Balliol College oxoniense, lo cual le permitió apoyarse en sus amistades de juventud para crear la nueva institución. Esto explicaría que el origen de esta sociedad haya que buscarlo en este centro universitario y que, curiosamente, se organizara primero una filial de la asociación que su sede central en Londres.

Además del apoyo de los académicos de Oxford, el primer núcleo de la Anglo-Spanish Society recibió el respaldo decidido de las autoridades diplomáticas de Gran Bretaña. De hecho, el comité fundacional de la filial oxoniense contó entre sus miembros honoríficos con el secretario de Estado para asuntos exteriores Edward Grey, con el vicesecretario Robert Cecil y con Arthur Henry Hardinge, quien fue embajador británico en Madrid durante la Gran Guerra.[13]

Así, la puesta en marcha de esta sociedad tuvo el visto bueno de la

---

12 Véase: José Romero Cuesta, "Los abuelos del fútbol. El "Real Club Recreativo de Huelva", decano de los equipos españoles", *Estampa*, III/104, 7 enero, 1930, 30–31. James Fitzmaurice-Kelly (1857–1923) nació en Glasgow y estudió en el St. Charles College de Kensington. En 1885 se trasladó a Jerez de la Frontera para ser tutor del futuro Marqués de Misa durante 6 meses. Antes de volver a Gran Bretaña, viajó a Madrid, donde conoció a varios escritores y se documentó para confeccionar su primer trabajo sobre la literatura española: *Life of Cervantes* (1892). Pero, su consagración llegó con *History of Spanish Literature* (1898), que se convirtió en una referencia ineludible para la incipiente comunidad de hispanistas. En 1908, fue nombrado Norman MacColl Lecturer in Iberian Literature en la Universidad de Cambridge y en 1909 ocupó la Gilmour Chair of Spanish en Liverpool. En 1916, pasó a ocupar la cátedra Cervantes del King's College London. Abandonó ese puesto en 1920. Véase: John D. Fitz-Gerald, "James Fitzmaurice-Kelly (1857–1923)", *Hispania*, 7/3 (mayo 1924), 210–212.

13 *Minute Book*, 1919–1921. Archivo de la Anglo-Spanish Society. Instituto Cervantes en Londres (A partir de ahora este archivo se citará como AASS).

diplomacia británica. Más aún, la Anglo-Spanish Society se acomodó a la estrategia que la Foreign Office trataba de articular para fortalecer los contactos con los países hispanohablantes. Por eso, y más allá del papel que los dirigentes de esa oficina de asuntos exteriores desempeñaron en la organización de esta institución, es palmario que su influencia se hizo sentir en todo momento. Eso sí, Mackay y los profesores oxonienses combinaron los fines políticos y económicos con propósitos académicos:

> El objetivo de la sociedad será la promoción de unas relaciones comerciales e intelectuales cercanas, ofreciendo hospitalidad y oportunidades a los hispanohablantes que visiten las Islas Británicas, a través del fomento del estudio de la lengua, la literatura, el arte y la historia de los españoles en Gran Bretaña e Irlanda; y ayudando a los estudiantes británicos a viajar a los países hispanohablantes.[14]

La academia y la diplomacia iban de la mano en este nuevo proyecto, que parecía satisfacer los deseos del gobierno de Londres. Sin embargo, el origen bélico de la sociedad no condicionó su labor, separándose de los propósitos que las autoridades políticas habían establecido para ella. Aunque se presentó como una especie de instrumento para compensar el influjo de los alemanes en las naciones neutrales hispanas, la asociación no emprendió ninguna campaña promocional de su país en España o Hispanoamérica, sino que centró su actividad en impulsar el estudio de la lengua y la cultura españolas en Gran Bretaña. Su supuesta finalidad propagandística en el exterior fue recordada, paradójicamente, durante mucho tiempo. Algunos años después, Arthur Hardinge describía la alegría que le causó la fundación de esta institución. Según afirmaba, veía de forma cotidiana como Alemania influía en la opinión pública española, sin que los británicos hicieran nada para evitarlo. Así recogía sus palabras un redactor del *Daily Telegraph*:

> Cuando [Hardinge] estuvo en España durante la guerra y tuvo que rebatir las calumniosas campañas alemanas, siempre le costó mucho convencer a sus amigos españoles de que Gran Bretaña había sido más un aliado de España que un enemigo. Por eso, se alegró al enterarse de que un club español había sido creado por un importante núcleo de estudiantes españoles en la Universidad de Oxford.[15]

---

14  John Mackay, Edward Hilliard et alter "Anglo-Spanish Sympathy. A new Society founded", *The Times*, 15 septiembre, 1916, 9.

15  *Daily Telegraph*, 28 mayo, 1920. AASS.

Este entusiasmo hizo que Hardinge participara activamente en el proyecto, ocupando varios puestos directivos en las distintas sedes de la asociación. Con él comenzaba una tradición que llevó a los ex embajadores británicos en Madrid a involucrarse en la gestión de esta institución. Y es que, a pesar de la implicación de algunos españoles, la Anglo-Spanish Society fue impulsada especialmente por la diplomacia inglesa y por un grupo de profesores de diferentes universidades de Gran Bretaña.[16]

Un mes después de que ese grupo de docentes enviara su comunicado a *The Times*, tuvo lugar la fundación oficial de la sede oxoniense de esta sociedad. Para ello, se celebró una reunión en el Balliol College, a la que asistieron algunos académicos de dicha Universidad. En ese encuentro, se eligió a los principales cargos de la Oxford Branch of the Anglo-Spanish Society y se dio poder a Mackay para actuar como delegado de la filial.[17]

Pero ahí no acabó todo. La sede oxoniense sólo era el primer paso y sus miembros debían promover la constitución de la asociación a nivel nacional. Los responsables del núcleo de Oxford decidieron encargar al capitán Christopher Sandeman que sondeara las posibilidades de crear una oficina central en Londres que fuera la punta de lanza de esta organización en Gran Bretaña e Irlanda.[18]

---

16 Arthur Henry Hardinge (1859–1933) nació en Londres. Era el hijo único del general Arthur Edward Hardinge y de Mary Georgiana Frances Ellis. Pasó parte de su infancia en el sur de Francia y en 1872 fue a Eton. Estudió historia moderna en el Balliol College de Oxford y en 1881 fue elegido fellow del All Souls College oxoniense. Antes de terminar sus estudios, visitó España y el norte de África. Tras ingresar en el cuerpo diplomático, sirvió en la Embajada británica en Madrid en 1883. De ahí pasó a ocupar distintos cargos en delegaciones en el este de Europa, África y Oriente Medio. Después de servir en Bélgica y Portugal, fue nombrado embajador en España en 1913. En ese puesto estuvo hasta 1919, siendo sustituido por Esme Howard, y un año más tarde se jubiló. Esto le permitió participar en organizaciones como la Anglo-Spanish Society y escribir sus memorias. Véase: G. H. Mungeam, "Hardinge, Sir Arthur Henry (1859–1933)", *Oxford Dictionary of National Biography*, (Oxford, OUP, 2004): http://www.oxforddnb.com/view/article/64122 [01/08/2014]. Véase también: An Old Friend "Sir Arthur Hardinge. Diplomatist and Traveller", *The Times*, 29 diciembre, 1933, 15.

17 Podemos encontrar el listado de miembros de esta primera época, que está sin datar, en ULKCA: ASS KAS/AC2/F354.

18 El capitán Christopher Sandeman era un aventurero británico que escribió libros sobre botánica, como *Thyme and Bergamot*. Su inclusión en el comité pudo tener que ver con sus conocimientos acerca de Latinoamérica, ya que viajó frecuentemente por aquellos territorios. "MR. C. A. W. Sandeman", *The Times*, 1 mayo, 1951, 6.

## 2.2. La fundación de la sede londinense

Tras los primeros pasos que se dieron en Oxford, las gestiones continuaron en Londres. El 15 de noviembre de 1916, se celebró una reunión en el St Ermin's Hotel de Westminster. Allí se congregaron destacadas personalidades de las principales universidades británicas. Entre los asistentes hubo autoridades académicas como el director del Christ's College de Cambridge, el Rector de Liverpool y el del King's College London. También, fueron invitados varios docentes: Arthur Grant, Leon Kastner, Wilfrid Martineau o William Ker. Como muestra del respaldo de la sede oxoniense, hubo tres profesores del Balliol College en la lista de participantes: Edward Hilliard, Henry Davies y Francis Urquhart. El catedrático John William Mackail acudió a la cita en calidad de representante del Board of Education, que era el órgano gubernamental encargado del sistema de enseñanza nacional. El total de delegados rondó la veintena.[19]

El encuentro tenía como objetivo primordial coordinar los esfuerzos para constituir la sede central de la Anglo-Spanish Society, de la cual debían depender las filiales que ya se estaban creando en varias universidades de Gran Bretaña. Para organizar la sociedad matriz de Londres, los delegados eligieron un comité fundacional que estuvo integrado por: Henry Davies, William Ker, Edward Hilliard, James Fitzmaurice-Kelly, el capitán Sandeman, el mallorquín Manuel Bidwell y Ronald Burrows. La primera medida que tomó este grupo, siguiendo la recomendación de Ker, fue ofrecer la plaza de secretario honorífico de la asociación a Israel Gollancz, quien aceptó y acabó convirtiéndose en uno de los principales promotores de esta institución hispano-británica.[20]

19 Mientras Arthur James Grant (1862–1948) era catedrático de historia en la Universidad de Leeds, Leon E. Kastner ocupaba la cátedra de lengua y literatura francesas de la Universidad de Manchester. Wilfrid Martineau (1889–1964) representó a la Universidad de Birmingham en esta reunión y William Paton Ker (1855–1923) era catedrático de literatura inglesa en el University College London. Francis F. Urquhart (1868–1934) fue un influyente fellow del Balliol College oxoniense. Henry William Carless Davies (1874–1928) era profesor de historia en la Universidad Oxford. Durante la Gran Guerra, dejó de lado su carrera académica para colaborar en los servicios de inteligencia del gobierno. J. R. H. Weaver, "Davis, Henry William Carless (1874–1928)" en *Oxford Dictionary of National Biography* (Oxford, OUP, 2004). Mackay describió este encuentro en un informe de 8 de marzo de 1917. AASS.

20 Este comité preliminar fue nombrado durante la reunión celebrada en el St Ermin's Hotel. Los nombres de los integrantes del mismo figuran en el acta de 8 de marzo de 1917. *Minute Book, 1919–1921*, 6–7. AASS. Manuel Bidwell (1872–1930) nació en Palma de Mallorca. Fue educado en París, en el King's College London y en la

El catedrático Israel
Gollancz (1863–1930).

Foto cortesía del King's
College London ©.

Gollancz ocupaba la cátedra de lengua y literatura inglesas del King's College London, a la cual había accedido en 1905. Desde entonces, este profesor supo ganarse el respeto del mundo académico londinense, en el que era conocido cariñosamente como "Golly" y en el que se había hecho un hueco como especialista en la obra de Shakespeare. Sin duda, su prestigio profesional fue uno de los motivos que llevaron al comité fundacional a nombrarle secretario honorífico de la Anglo-Spanish Society, pero, sobre todo, pesó su implicación en la campaña de difusión de la enseñanza del español en Gran Bretaña, que fue lanzada por el gobierno británico, aprovechando un aniversario literario.[21]

Accademia dei Nobili Ecclesiastici de Roma. En 1917 fue nombrado obispo auxiliar de Westminster y obispo de Miletopolis. Véase: "Mgr. M. J. Bidwell", *The Times*, 12 julio, 1930, 14.

21 Israel Gollancz (1863–1930) cursó sus primeras letras en el City of London School

En 1916, se cumplían 300 años del óbito de los dos escritores más celebrados de Inglaterra y de España: Shakespeare y Cervantes. Un acontecimiento de esa magnitud se convirtió en la excusa perfecta para mejorar las relaciones entre ambas potencias. La prensa contribuyó a esta conmemoración mediante la publicación de los telegramas que se intercambiaron los monarcas español y británico. En su edición del 24 de abril de ese año, *The Times* recogía el mensaje que George V había enviado a Alfonso XIII:

> Agradezco de corazón a usted y a la reina su mensaje. Estamos contentos por estar celebrando las dos grandes glorias literarias de España e Inglaterra, otro feliz lazo entre nuestras dos naciones.[22]

Entre las acciones que se llevaron a cabo para celebrar ese tricentenario, la más perdurable fue la creación de la cátedra Cervantes de lengua y literatura españolas en el King's College London. Gollancz fue el principal impulsor de esta plaza, que era el ejemplo más visible de la política que el gobierno británico estaba desarrollando para fomentar el estudio del español en Gran Bretaña. Se pensaba que este idioma tenía una gran utilidad en el ámbito de las relaciones mercantiles con Hispanoamérica. De ahí que tanto las autoridades políticas como las compañías comerciales promovieran su enseñanza. Más aún, una de las misiones de la Anglo-Spanish Society, que surgía en este contexto conmemorativo, fue la difusión del aprendizaje de esta lengua en Albión.

La coincidencia temporal y espacial hizo que algunos miembros del comité encargado de dar forma a la sede central de la asociación también se involucraran en el establecimiento de la cátedra Cervantes. Por ejemplo,

y a finales del siglo XIX realizó sus estudios superiores en el University College London, donde dio clases entre 1892 y 1895, y en el Christ's College de la Universidad de Cambridge. En 1896, se convirtió en el primer profesor de inglés de Cambridge, promoviendo la creación de una escuela de filología inglesa en este centro universitario. En 1905, fue nombrado catedrático de lengua y literatura inglesas en el King's College London, renunciando a su puesto en Cambridge poco después. A partir de entonces, dedicó su vida a la enseñanza en la Universidad de Londres y al estudio de las letras inglesas, escribiendo obras como: *The Sources of Hamlet* (1926). Durante la Gran Guerra, Gollancz impulsó la creación de la Cervantes Chair of Spanish y de la Camoens Chair of Portuguese en el King's College London. Por ello, fue nombrado miembro correspondiente de la Real Academia Española en 1919. En los últimos años de su vida, fue colmado de honores, siendo investido caballero por el rey de Inglaterra o miembro de la Medieval Academy of America. Véase: "Sir Israel Gollancz. Early and Middle English", *The Times*, 24 Junio, 1930, 16.

22  "The King and The Literary Tercentenary..."

**Alfonso Merry del Val Zulueta (1864–1943)** ejerció de embajador español en Londres entre 1913 y 1931, y fue el primer presidente honorífico de la asociación.

Foto cortesía de la Embajada Española en Londres.

el primer catedrático que ocupó ese puesto, James Fitzmaurice-Kelly, colaboró en ambos proyectos. No obstante, esta dualidad suscitó algún recelo, ya que existía la posibilidad de ver frustradas las dos iniciativas. El entonces embajador de España en Londres, Alfonso Merry del Val, mostró sus reticencias a incorporarse a los trabajos de la sociedad hasta que no se asegurara el establecimiento del departamento de español que acompañaba a la cátedra. En enero de 1917, Ronald Burrows, quien era el máximo responsable del King's College London, escribía a este diplomático español para interesarse por su postura:

> Por el momento, han nombrado al catedrático Gollancz secretario honorífico y están muy ansiosos por trabajar con nuestro Comité e incorporar a tantos miembros como sea posible. Me informaron de que en la última reunión del Subcomité usted era contrario

a unirse a la asociación hasta que el Comité de la Cervantes fuera disuelto.[23]

La realización simultánea de ambos proyectos tuvo efectos positivos. A pesar de sus reticencias iniciales, Merry del Val accedió a participar en los trabajos para la fundación de la sede central de la sociedad y ocupó la presidencia honorífica, puesto que, desde entonces, siempre es reservado para el embajador español en Londres. Además, la creación de la cátedra Cervantes hizo que varios profesores y autoridades académicas del King's College London participaran también en la fundación de la Anglo-Spanish Society, cuyas primeras reuniones se celebraron en dicho centro universitario.[24]

Varios miembros del comité fundacional que salió de la reunión del St Ermin's Hotel pertenecían al King's College London, como James Fitzmaurice-Kelly, Ronald Burrows e Israel Gollancz. Estos dos últimos ocuparon la presidencia y la secretaría de esa directiva inicial, respectivamente. La participación de Burrows fue muy significativa, ya que había sido uno de los fundadores de la Anglo-Hellenic League en 1913. Este hecho distaba de ser anecdótico porque la Foreign Office le pidió una copia de los estatutos de la liga helena para la formación de la sociedad hispano-británica. Además de remitir esos informes, Burrows hizo las veces de intermediario con las autoridades diplomáticas.[25]

En 1917, Burrows y Gollancz trataron de implicar a otros actores

23 Carta de Burrows a Merry del Val (20/01/1917). ULKCA: KAP/BUR 164. Spanish, General, 1915–1918.

24 Alfonso Merry del Val Zulueta (1864–1943) era hijo del también diplomático Rafael Merry del Val Gaye, descendiente de una familia irlandesa que se estableció en Sevilla en el siglo XVIII, y de Sofía Josefa Zulueta Willcox, que tenía antepasados escoceses. Alfonso nació en Londres y estudió en el Beaumont College, un internado que los jesuitas fundaron en Berkshire (Inglaterra). Fue secretario personal de Alfonso XIII, su ministro plenipotenciario en Tánger y Bruselas, y embajador de España en Londres entre 1913 a 1931. Véase: "Necrológicas. El marqués de Merry del Val", *ABC*, 26 mayo, 1944, 12; y Bernardo Rodríguez Caparrini, "Algunos españoles en el internado jesuita de Beaumont (Old Windsor, Inglaterra), 1874–1880", *Miscelánea Comillas*, 70/136 (2012), 241–264.

25 Ronald Montagu Burrows (1867–1920) nació en Rugby. Estudió en Charterhouse y en Oxford. Fue un especialista en el mundo helénico. Tras ejercer como profesor auxiliar de la cátedra de griego de la Universidad de Glasgow, fue nombrado catedrático de ese mismo idioma en el University College de Cardiff en 1898. En 1908, ocupó una posición similar en la Universidad de Manchester. Dejó este último puesto en 1913, porque fue designado Principal (director) del King's College London. Véase: "Death of Dr. Burrows", *The Times*, 17 mayo, 1920, 16. Harold Nicolson solicitó esos

en la creación de la organización y, en abril de ese año, se fundó un comité ejecutivo provisional que incluyó a todos los miembros del grupo inicial, a Merry del Val, al secretario de la filial de Liverpool John Glynn, al ex embajador británico en Madrid Maurice de Bunsen y a un largo etcétera. La presidencia de esta nueva directiva se ofreció a Lord Latymer, cuya misiva había dado a conocer los planes para la fundación de la asociación. Bajo su mandato, se procedió a la formación de un organigrama final.[26]

Así, se constituyeron dos órganos para gestionar la sociedad: el Comité ejecutivo y el Consejo general. El primero debía ocuparse de organizar el día a día de la asociación. En cambio, el segundo era un órgano consultivo que se reunía con una periodicidad anual, acordaba las líneas generales de actuación y tenía que aprobar esa labor diaria. Ambos estuvieron presididos por Lord Latymer, quien, empero, dejó la dirección real a los secretarios: Mackay y Gollancz. Para dotar de personal estos dos estamentos y los principales puestos de la institución, se propusieron los nombres de representantes diplomáticos de algunos países de Hispanoamérica, de personalidades de la vida socio-política británica, de conocidos académicos y de los responsables tanto de los servicios de inteligencia de la Foreign Office como de la oficina de guerra.[27]

A pesar de los progresos que estaban alcanzándose, las gestiones para poner en marcha la Anglo-Spanish Society fueron muy lentas y algunos de los promotores comenzaron a impacientarse. Esta tardanza provocó que, a finales de 1917, Burrows remitiera una carta a Harold Nicolson, quien era el miembro de la Foreign Office encargado de las relaciones con las potencias del sur de Europa. En su misiva, el máximo dirigente del King's College London se quejaba de la ineficacia del secretario de organización John Mackay, quien, según Burrows, estaba retrasando el proyecto:

informes a Burrows en una carta de 18 de diciembre de 1917. ULKCA: KAP/BUR 165 Anglo-Spanish Society.

26 Podemos encontrar una lista de los integrantes del Provisional Executive Committee en ULKCA: KAP/BUR 165 Anglo-Spanish Society. Maurice de Bunsen (1852–1932) fue educado en Rugby y en el Christ Church College de Oxford, donde se licenció en 1874. Comenzó su carrera diplomática en 1877. Después de pasar por Tokio, Constantinopla, París y Lisboa, fue nombrado embajador en Madrid en 1906. Estuvo en España hasta que fue elegido para encargarse de la Embajada de Viena en 1913. Véase: R. R., "Obituary: Sir Maurice de Bunsen", *The Geographical Journal*, 79/4 (abril 1932), 348–349.

27 Entre los vicepresidentes de la sociedad estaban el primer ministro y otras autoridades políticas. John Mackay, "The Anglo-Spanish Society. To the Editor of the Times", *The Times*, 5 septiembre, 1917. ULKCA: KAP/BUR 165.

He adjuntado los nombres de los dirigentes, los objetivos, etcétera de la Anglo-Spanish Society, que, como verá, son asuntos muy importantes. Si todavía no se ha hecho nada es, como ya le dije en privado, por la atroz ineptitud de J. M. Mackay, el secretario de organización. ¡Qué convierte todo en infinitos problemas burocráticos! Sin embargo, espero que, al final y con la ayuda del catedrático Gollancz, podremos llegar a hacer algo.[28]

Burrows quiso que el receptor de estas quejas contra Mackay fuera un miembro de la Foreign Office, ya que el veterano catedrático de Liverpool servía a los intereses de dicho organismo estatal. Harold Nicolson era el contacto que este grupo fundacional tenía en esa oficina de asuntos exteriores, donde cada vez estaban más interesados en los países hispanohablantes. De ello dejó constancia la correspondencia mantenida por diplomáticos británicos durante la Gran Guerra. El 12 de agosto de 1918, el banquero y político conservador Charles Eric Hambro, que en ese momento trabajaba en el Ministry of Information (un departamento de Estado que se había creado en Gran Bretaña en el periodo bélico para contribuir al esfuerzo propagandista de los aliados), escribió a Percy Loraine, quien era secretario de primer rango de la Foreign Office para asuntos relativos a España. En esa carta le trasmitió la siguiente idea:

Las cosas parecen moverse en España, y con una pequeña presión añadida, no me sorprendería ver al Gobierno español romper con los alemanes, al menos, las relaciones diplomáticas que les conciernen. La ofensiva en el Oeste es la mejor clase de propaganda que podemos tener [...]. Si sólo podemos influir en la opinión de aquel país [se

---

28 Carta de Burrows a Nicolson (22/12/1917). ULKCA: KAP/BUR 165. Harold George Nicolson (1886–1968) era hijo del aristócrata Arthur Nicolson, primer Barón de Carnock. Al igual que su padre, Harold se dedicó a la diplomacia. No está de más señalar que, antes de sumergirse en las relaciones internacionales, estudió en el Balliol College de Oxford, donde ingresó en 1904. Su carrera diplomática comenzó en Madrid, donde ejerció de adjunto en la Embajada británica entre febrero y septiembre de 1911. Tras prestar servicios en la delegación de Gran Bretaña en Constantinopla, en 1914 Nicolson volvió a Londres para trabajar en la Foreign Office. Allí, estuvo encargado de las relaciones con los países del sur de Europa. Su actividad se centró en España y Grecia, teniendo contacto con personalidades como el citado Burrows. Después de la Gran Guerra, este segundo país ocupó más tiempo en su quehacer diplomático, que le llevó a participar en los asuntos referentes al este de Europa y a Oriente Medio. Véase: T. G. Otte, "Harold George Nicolson (1886–1968)", *Oxford Dictionary of National Biography*, (Oxford, OUP, 2004): http://www.oxforddnb.com/view/printable/35239 [30/06/2014].

refiere a España], habremos tomado un camino estupendo para cambiar la opinión de los argentinos y de los chilenos.[29]

La estrategia de Hambro y Loraine contemplaba la formación de un "Commercial Bureau" en España que, entre otras cosas, se ocupara de difundir la cultura anglosajona y de propagar ideas favorables al bando inglés. Aunque todo apunta a que ese proyecto quedó paralizado por el final de la Gran Guerra, el Comité Hispano-Inglés que se estableció en la Residencia de Estudiantes de Madrid años más tarde cumplió esas funciones, que, en un primer momento, se habían atribuido a la Anglo-Spanish Society. Esta última asociación no emprendió ninguna campaña de propaganda fuera de las fronteras de Gran Bretaña, pero se convirtió en un componente clave del organigrama diplomático que se diseñó para los países hispanohablantes. Durante el periodo bélico, sus responsables trataron de contribuir a la causa británica, proporcionando la mejor información posible sobre la vida socio-política española. Como José Castillejo, el secretario de la Junta para Ampliación de Estudios, había comprobado en un viaje que realizó a Inglaterra en 1917, existía una "gran ansiedad y curiosidad por la situación de España" en Londres. La cuestión que parecía subyacer de este desbordado interés era: ¿Qué postura van a adoptar los españoles tras el conflicto armado?[30]

Ante esta necesidad de información, la Anglo-Spanish Society planeó varias charlas que pretendían acercar al público inglés a la actualidad de España. No obstante, esto podía provocar problemas con la diplomacia española y, por eso, Burrows decidió escribir otra vez a Nicolson, su enlace en la Foreign Office. En su misiva, le explicaba la nueva estructura de la sociedad y le solicitaba consejo para hablar de temas políticos, sin que Alfonso Merry del Val se molestara por ello:

> Ha sido formado un sub-comité dedicado a desarrollar los aspectos literarios y educativos, así como otro para los financieros y comerciales, y las reuniones espero que se celebren a principios del próximo año. Confío en que entre estos encuentros se incluyan algunos que, sin tomar partido en la política española, nos digan algo sobre ella. Sin embargo, el hecho de que el embajador español sea el presidente honorífico hace este asunto muy complicado. Si, empero, la Foreign

---

29 Carta (12/08/1918). The National Archives of the United Kingdom, FO 1011/117.

30 David Castillejo, *Los intelectuales reformadores de España. Epistolario de José Catillejo. Tomo III: Fatalidad y porvenir, 1913–1937*, (Madrid, Castalia, 1999), 334 y siguientes.

Office me pudiera dar una sugerencia a este respecto, sería mucho más sencillo de llevar a cabo...[31]

La sociedad fue articulándose en torno a dos secciones, que cumplían misiones diferentes. Aunque estuvieron debatiendo sobre la posibilidad de dividir la actividad de la asociación en tres comités, en octubre de 1917 se formó uno para los asuntos educativos y literarios, y otro para los económicos y financieros. El tercero en discordia tenía que ver con los aspectos sociales. El problema fue solucionado a finales de 1918, ya que el comité económico decidió asumir esta última competencia, cambiando su nombre por el de London Social and Economic Section of the Anglo-Spanish Society.[32]

Esta última sección era la que contaba con más integrantes de las dos. Entre sus miembros había representantes de las principales compañías británicas que operaban en España y en América Latina (como Robert Graham de la Buenos Aires Western Railway). Además, había varios banqueros (como David Burns del Banco de Chile), algún escritor (William Henry Koebel), delegados de cámaras de comercio (W. Murray Ellis), autoridades diplomáticas (el cónsul general de España para Londres) y el omnipresente John Mackay. Gracias a este comité, las personas involucradas en las relaciones comerciales de Gran Bretaña con los países hispanoha-blantes tuvieron un nuevo medio para colaborar.[33]

En contraste, la sección de Literatura y Educación sólo tenía siete miembros: Manuel Bidwell, Luis Bolín, William Ker, Ramiro de Maeztu, el capitán Sandeman, Julián Martínez Villasante y José Plá. A ellos había que unir los comités correspondientes de las universidades de Oxford y de Cambridge, los cuales gestionaban las actividades culturales de sus respectivas filiales. En consecuencia, esos siete integrantes se limitaron principalmente a organizar actos en Londres, pero, a juzgar por el gran número de charlas programadas y por el apoyo que dispensaron a diferentes proyectos pedagógicos, su labor fue muy intensa y fructífera.[34]

---

31 Carta de Burrows a Nicolson sin datar. ULKCA: KAP/BUR 165.

32 Esta división se realizó en una reunión del Comité Ejecutivo (30/10/1917). La resolución del Economic Committee fue aprobada el 25 de noviembre de 1918. *Minute Book*, 1919–1921. AASS.

33 Anglo-Spanish Society, *Report and Transactions of the Anglo-Spanish Society of the British empire and Spanish-speaking countries* (Londres, Adlard and son and West Newman, 1920), 8–10. David Burns era el abuelo paterno del actual presidente de la asociación, Jimmy Burns Marañón, lo cual es una muestra más de la vinculación de esta familia a la sociedad.

34 *Ibídem*, 11. Julián Martínez Villasante y José Plá eran profesores en el

Estas dos secciones respondían a los principales objetivos de la Anglo-Spanish Society: el fomento de la lengua y la cultura españolas en Gran Bretaña, y el desarrollo del comercio con Hispanoamérica. Aunque el programa de actuación de la sociedad recogía ocho puntos encaminados a promover la relación del Reino Unido con los países hispanohablantes, sus fines podían resumirse en estos dos propósitos. A ellos se dedicó esta organización, cuya sede central en Londres ya tenía una estructura sólida, que permitió a sus miembros empezar a realizar distintas actividades a finales de 1917.[35]

Pero, el trabajo de Mackay y los suyos no terminó en la capital inglesa. La idea era que la institución tuviera el mayor número de filiales posible para que su campo de acción fuera más allá de Londres. Por eso, se crearon varias sedes provinciales, que solían estar asociadas a universidades y prestaban mucha atención a la difusión de la lengua y la cultura españolas. Gracias a estas sucursales, la labor de la sociedad tuvo cierto impacto en el sistema educativo británico.

## 2.3. La expansión: Las filiales de la Anglo-Spanish Society

Las delegaciones que esta sociedad abrió en distintas partes de Gran Bretaña tuvieron una importancia indiscutible en su historia y contribuyeron a que su incidencia fuera mucho mayor. Hasta tal punto fueron

departamento de español del King's College London. Martínez Villasante (1876–1946) nació en Madrid en 1876 y cursó sus primeras letras en el colegio de los escolapios de la capital española. Posteriormente, estudió leyes en la Universidad Central y en la de Santiago de Compostela. Tras mudarse a Inglaterra, contrajo matrimonio con Mary Murphy. Entre 1909 y 1917, impartió clases de español en la Universidad de Cambridge. En 1913, pasó a enseñar español en el King's College London, donde trabajó hasta su jubilación. Véase: "Dr. J. Martinez-Villasante y Navarro", *The Times,* 2 enero, 1946, 6. José Plá, quien fue profesor ayudante en el departamento de español del King's College London entre 1916 y 1921, ocupó el puesto de secretario del comité educativo de la Anglo-Spanish Society. Véase: King's College London, "Annual Report of the delegacy for the session 1920–1921" in *Calendar for 1922–1923,* (London, Richard Clay and Sons, 1922), 239–276. El malagueño Luis Antonio Bolín (1894–1969) era sobrino de Manuel Bidwell. En aquella época, todavía debía de estar estudiando. Desde finales de la década de 1920, ejerció de corresponsal del ABC en Londres. En 1936, Bolín se hizo famoso por proporcionar a Francisco Franco un avión que le permitió ir desde Canarias al norte de Marruecos para sumarse al golpe de Estado del 18 de julio. Véase: *ABC,* 9 octubre, 1974, 48. El escritor Ramiro de Maeztu (1874–1936) residió en Londres desde principios de siglo XX, trabajando como corresponsal para distintos periódicos y publicaciones.

35 Anglo-Spanish Society, *Report and Transactions...,* 3–4.

relevantes que la sede de Londres fue creada más tarde que la filial de Oxford. Esta circunstancia provocó un intenso debate sobre el organigrama que debía tener la asociación en su conjunto. A mediados de 1917, el comité ejecutivo londinense impelió a su consejo general para que pusiera negro sobre blanco la estructura de la institución en toda la isla. Esta petición hacía referencia a la necesidad de definir si la agrupación que se acababa de articular en la capital británica haría las veces de "cuartel central" o funcionaría como una sucursal más. En esta reunión, se decidió que Londres fuera el núcleo principal, pero también se otorgó autonomía al resto de corporaciones adscritas.[36]

La sede de Londres cumplió funciones de coordinación porque sus miembros tuvieron un contacto más directo con las autoridades diplomáticas. Al principio, algunas filiales solicitaron su apoyo para conocer la opinión de la Foreign Office, pedir respaldo de diversa índole u organizar algún intercambio de conferenciantes. Sin embargo, el interés del gobierno británico por la asociación decreció en la posguerra. El fin de las hostilidades trajo una nueva situación política que también afectó a esta institución. La sede central fue perdiendo el apoyo gubernamental y la relación que mantenía con sus delegaciones locales fue cada vez más tenue. A pesar de ello, los primeros años fueron de trabajo común.

Como ya hemos adelantado, la sede primigenia de la asociación fue establecida en Oxford, donde Mackay encontró muchas facilidades para empezar su proyecto. El 22 de octubre de 1916, se produjo una reunión en el Balliol College para fundar oficialmente esta delegación de la Anglo-Spanish Society. Aunque el primer comité directivo que salió de ese encuentro incluyó a diplomáticos y a profesores de otros centros universitarios, lo cierto es que los principales responsables y la mayoría de los socios pertenecían a la Universidad oxoniense. Así, el primer presidente fue Herbert Warren del Magdalen College y la secretaría honorífica fue ocupada por Edward Hilliard del Balliol College. Más aún, el apoyo que esta filial dio a la enseñanza del español hizo que el encargado de esa docencia en Oxford, el barcelonés Fernando de Arteaga y Pereira, desempeñara un papel destacado en su organización.[37]

---

36 Acta del General Council (16/07/1917). *Minute Book*, 1919–1921. AASS.

37 *Minute Book*, 1919–1921. AASS. Herbert Warren (1853–1930) era hijo de un hombre de negocios de Bristol, Algernon William Warren. En 1878, fue elegido fellow del Magdalen College oxoniense, el cual presidió entre 1885 y 1928. Véase: "Sir Herbert Warren. A great Oxford Head", *The Times*, 10 junio, 1930, 14. Edward Hilliard (1867–1940) era hijo del Capitán George Hillard de Uxbridge. Fue educado en el Malvern College y en el Magdalen College de Oxford. En 1905, fue elegido Fellow Lecturer in Law y Estates Bursar del Balliol College. Desde entonces, desempeñó

La primera sede de la Anglo-Spanish Society surgía con una clara intención educativa. Sus miembros trataron de promover la instrucción de la lengua y la cultura españolas en la Universidad de Oxford, donde estas materias habían tenido escasa cabida hasta la fecha. Con el fin de cambiar esta tendencia, y aconsejados por Fernando de Arteaga, los dirigentes de la filial hicieron varias propuestas a la Facultad de Lenguas Modernas y Medievales. Por una parte, plantearon la posibilidad de crear un certificado de español. Por la otra, pidieron la concesión de becas de viaje que permitieran a los estudiantes visitar un país hispanohablante. También, solicitaron a la Facultad de Historia Moderna que incluyera estudios históricos sobre España en su oferta docente. Por si fuera poco, contactaron con los servicios de extensión universitaria para que valoraran la conveniencia de organizar cursos sobre la literatura, la historia y el arte españoles.[38]

Los resultados de esta presión fueron casi nulos en un primer momento. Hubo que esperar hasta el final de la Gran Guerra para que las autoridades oxonienses decidieran mejorar la docencia del español, que ya se impartía en numerosos centros universitarios británicos. La primera novedad fue la contratación de un ayudante para auxiliar al veterano Arteaga. El elegido fue un alumno del Balliol College, Antonio Rodríguez Pastor, quien fue nombrado Junior Lecturer in Spanish en 1920. Sólo un año más tarde renunció a ese puesto y se designó a George Alfred Kolkhorst, quien sabía español y portugués porque había pasado su infancia en Chile y en Portugal. Su conocimiento de ambos idiomas le convirtió en una persona muy útil para la enseñanza.[39]

un papel destacado en la administración de este último centro y en los órganos de gestión de la Universidad oxoniense. Véase: "Mr. Edward Hilliard. Late Senior Bursar of Balliol", *The Times,* 22 junio, 1940, 2. Fernando de Arteaga y Pereira (1851–1934) había llegado a Inglaterra en 1890 para trabajar en la firma comercial Delfín y Sánchez, pero la compañía quebró y se buscó la vida como profesor de español. Tras dar clases particulares en Londres, sucedió a Henry Butler Clarke como Taylorian Teacher in Spanish en Oxford en 1894. En esta universidad trabajó hasta su jubilación. Entre 1904 y 1921, también impartió español e italiano en la Universidad de Birmingham. Véase: "Death of Professor F. De Arteaga", *The Times,* 19 febrero, 1934, 14.

38 *The Oxford Branch of the Anglo-Spanish Society* (8/11/1916). ULKCA: KAP/BUR 165.

39 Antonio Rodríguez Pastor (1894–1971) pertenecía a una familia española que era propietaria del Banco Pastor. Se doctoró en la Universidad de Madrid y en 1916 recibió una beca para estudiar un Bachelor of Letters en el Balliol College de Oxford. Al terminar esta carrera, fue nombrado Taylorian Lecturer in Spanish en la institución oxoniense del mismo nombre. Sin embargo, en 1921, fue elegido para sustituir a James Fitzmaurice-Kelly en el King's College London. Véase: "Don Antonio PastorQ, *The*

Además, empezaron a atenderse algunas de las reivindicaciones que Arteaga y la filial oxoniense llevaban haciendo desde 1916. Se comenzaron a ofertar becas para estudiantes de la Universidad de Oxford que quisieran mejorar su nivel de español, tales como: De Osma studentship, Laming Scholarship, Pope Exhibition for Spanish o Esme Howard scholarship. Estas ayudas fueron promovidas por filántropos y las autoridades universitarias se limitaron a gestionarlas. Aunque se había mejorado, el español todavía ocupaba una posición endeble en el currículo de Oxford a principios de la década de 1920.

Ante esta situación, la sede londinense de la Anglo-Spanish Society decidió actuar y promovió el establecimiento de una cátedra de español con carácter permanente en dicha Universidad. En una reunión que el comité ejecutivo celebró el 13 de diciembre de 1922, el médico militar Charles Bedford planteó la fundación de este puesto. Los miembros de la sociedad respaldaron la iniciativa y ayudaron a crear un fondo que, en 1927, permitió inaugurar The King Alfonso XIII Professorship of Spanish Literature. El primer ocupante de esa plaza, Salvador Madariaga, resumió las gestiones que se habían llevado a cabo:

> Pronto me enteré (…) de que ni Alfonso XIII ni el Gobierno español habían dado un céntimo para la cátedra, cuyo fondo se debía casi por entero a un chileno, magnate de la prensa, de origen y nombre judío-galés [Agustín Edwards Mac-Clure, miembro de la Anglo-Spanish Society]. La idea de ponerle corona a la cátedra se debía al promotor, que era un médico militar inglés llamado Bedford, que de español no sabía ni decir mañana, y cuyo fervor hispánico procedía de su deseo de ostentar la banda de una gran cruz -que consiguió.[40]

*Times*, 20 diciembre, 1971, 12; y "Mr. G. A. Kolkhorst. Gifted teacher of Spanish", *The Times*, 16 septiembre, 1958, 10.

40 Las palabras de Madariaga han sido extraídas de Ian Michael, "Afterword: Spanish at Oxford, 1595–1998", *Bulletin of Hispanic Studies*, LXXVI/1 (1999), 173–193. Véase también: Acta (13/12/1922). *Minute Book, 1919–1921*, 36. AASS. Agustín Edwards Mac-Clure (1878–1941) fue un empresario chileno que fundó varios periódicos y tuvo una larga carrera diplomática. Ejerció como ministro plenipotenciario de Chile en Londres desde 1910 y embajador de su país en el Reino Unido desde 1935 hasta 1940. Destacó por apoyar aquellas iniciativas encaminadas a promover las relaciones hispano-británicas. Participó activamente en la Anglo-Spanish Society y realizó donaciones para promover el español en diferentes universidades inglesas. Véase: "Obituaries. Don Agustin Edwards", *The Times*, 24 junio, 1941, 7. Salvador de Madariaga (1886–1978) fue un diplomático y escritor gallego que, a pesar de estudiar ingeniería, dedicó su vida a las humanidades. Antes de asumir la cátedra de Oxford, había colaborado con distintos periódicos españoles e ingleses, y, desde principios de

Más allá de las intenciones espurias del promotor, la creación de esta cátedra estaba dentro de un proyecto más amplio para el fomento de las relaciones hispano-británicas que también incluía otras actuaciones. Organizaciones como la Anglo-Spanish Society y diversas autoridades políticas estuvieron implicadas en esta empresa diplomática. Bedford lo explicó de la siguiente manera:

> Mientras tanto estamos manteniendo (…) un movimiento para la coordinación de los estudios hispánicos […] en varias universidades británicas y centros de enseñanza apropiados. La consecución de la dotación de Oxford también depende de que el gobierno español desarrolle activamente la docencia del inglés en España e inaugure una cátedra de este idioma en la Universidad de Madrid.[41]

La asociación formó parte de este movimiento, siendo uno de los principales referentes del mismo en Gran Bretaña. Y es que, en poco tiempo, contó con sedes en varios centros de educación superior. Antes del final de la guerra, se creó una filial en la Universidad de Cambridge, en donde se estaba fundando un departamento de español por aquel entonces. Años después, John William Barker reconocía la importante labor que esa sociedad había realizado a orillas del río Cam:

> Un complemento del departamento de español que tiene más interés de lo usual es la Cambridge Spanish Society. En diciembre de 1917 el entonces Rector, Dr. A[rthur] E[verett] Shipley, el director del Christ's College, presidió la reunión inaugural de la filial de Cambridge de

la década de 1920, trabajó en la secretaría de la Sociedad de Naciones. Nunca mostró mucho interés por la enseñanza, tal y como él confesó en sus memorias. De ahí que abandonara su puesto en Oxford en 1931 para ser embajador español en los Estados Unidos y posteriormente en París. Madariaga continuó con su carrera diplomática que le llevó a participar nuevamente en la Sociedad de Naciones. En el gobierno de Alejandro Lerroux, fue diputado a cortes y ejerció como ministro tanto de Instrucción Pública como de Justicia durante cortos periodos. Al estallar la Guerra Civil, se exilió en el Reino Unido y residió en Oxford, donde fue requerido frecuentemente para impartir charlas y colaborar con el departamento de español de esa Universidad. También, se embarcó en proyectos europeos como la creación del College of Europe en 1949. Al caer el régimen franquista, volvió a España, muriendo pocos años más tarde. Véase: http://www.madariaga.org/about-us/origins [1/08/2014]. Véase también: Salvador de Madariaga, *Memorias, 1921–1936. Amanecer sin mediodía*, (Madrid, Espasa-Calpe, 1974), 227 y siguientes.

41 "Spanish Studies: The New Department at Oxford King Alfonso's visit", *The Observer*, 27 junio, 1926.

la Anglo-Spanish Society. Él fue presidente hasta su muerte. El Dr. H[ugh] F[raser] Stewart fue el primer secretario. De los cincuenta residentes en Cambridge que eran socios, veintitrés todavía residen [este texto fue escrito en 1933]. Es interesante señalar que sólo un miembro de la nueva sociedad era profesor de español. Después de la guerra, se convirtió (nominalmente) en una organización estudiantil y ha tenido una rica historia...[42]

La fundación de esta filial sirvió para mejorar la docencia del español en la Universidad de Cambridge, donde este idioma fue impartido intermitentemente como una asignatura menor desde principios del siglo XX. Durante la Gran Guerra, la Cambridge Spanish Society, que fue el nombre que recibió esta delegación, favoreció la existencia de una demanda de esta lengua por parte de los estudiantes, promoviendo este interés a través de la organización de eventos. Más aún, miembros de la sede londinense de la Anglo-Spanish Society, como Agustín Edwards Mac-Clure, realizaron cuantiosas donaciones para crear la escuela de español de este centro universitario.

Gracias al dinero de los socios y al apoyo de la filial, en 1919 se fundó un departamento de español en Cambridge, el cual fue dirigido por Frederick Alexander Kirkpatrick del Trinity College. Este docente consiguió dar una orientación amplia a estos estudios, haciendo hincapié en la historia y la cultura hispanoamericanas. Estos temas también fueron habituales en las charlas que la filial de la Anglo-Spanish Society organizó en Cambridge. La primera conferencia que se impartió bajo los auspicios de esta delegación fue pronunciada por el donante Agustín Edwards. El 19 de noviembre de 1919, este diplomático chileno disertó sobre las relaciones de Gran Bretaña con los países hispanohablantes. Después de resaltar la importancia que tenía el español para el mundo de los negocios, terminó su discurso reconociendo la labor que la asociación estaba realizando en esa Universidad:

Considero que se me ha hecho un honor muy grande al pedirme que venga a Cambridge a inaugurar las reuniones de la Sociedad

42 J. W. Barker, "Spanish studies at Cambridge since the war", *Bulletin of Spanish Studies*, X/40 (1933), 197–202. Arthur Everett Shipley (1861–1927) era tutor en ciencias naturales del Christ's College de Cambridge desde finales del siglo XIX. Entre 1917 y 1919, fue Rector de dicha Universidad. Véase: *The Times*, 23 diciembre, 1927. Hugh Fraser Stewart (1863–1948) fue fellow, dean y lecturer del St. John's College de Cambridge. Además, fue profesor de francés de la Universidad desde 1922 y contribuyó a desarrollar los estudios de lenguas en ese centro universitario. Véase: "Hugh Fraser Stewart (1863–1948)", *French Studies*, II/3 (1948), 289–290.

Anglo-Española, y no podría irme de aquí sin expresar, en la lengua en que balbuceé mis primeras palabras, mi reconocimiento a la Universidad que ha creado una Cátedra para enseñar mi idioma [realmente, la cátedra se creó en 1933, así que debe referirse a la Readership], a la Sociedad que se ocupa con tan generoso empeño en difundirlo, y, por fin, (…), a mi viejo amigo el Dr. Shipley, que desde años atrás ha demostrado que comprende la importancia de este movimiento.[43]

El nuevo departamento y la Anglo-Spanish Society participaron de forma conjunta en la difusión de la lengua y cultura españolas en la Universidad de Cambridge. Esta estrecha colaboración se hizo patente en los primeros años. Los profesores contribuyeron activamente al desarrollo de la sociedad recién fundada. Kirkpatrick fue nombrado secretario honorífico y, en gran medida, dirigió el futuro de este organismo. Más todavía, la escuela de español sufragó los eventos que esta asociación organizaba y que servían de complemento para sus estudiantes.

Pero, no sólo se establecieron filiales en Oxford y en Cambridge. En la Universidad de Liverpool también hubo una representación de la Anglo-Spanish Society. Este centro universitario era pionero en el estudio del español, ya que la primera cátedra de este idioma que se fundó en Inglaterra en el siglo XX fue establecida allí en 1908. El promotor de la misma fue el capitán George Gilmour, quien se describía así mismo como un "mercader y estanciero" de Birkenhead que llevaba más de treinta años haciendo negocios en Argentina. La Gilmour Chair of Spanish fue ocupada por James Fitzmaurice-Kelly, quien en 1916 abandonó este puesto para enseñar en el King's College London.[44]

Su dimisión hizo que la creación de una filial en Liverpool fuera más problemática de lo que algunos responsables de la organización habían previsto. Desde su renuncia, la enseñanza de la lengua española quedó desatendida en esa Universidad, que no pudo acoger la iniciativa. No obstante, en 1917 algunos comerciantes de la zona celebraron un par de reuniones en el ayuntamiento de la ciudad con la intención de fundar una delegación local de la asociación. El alcalde Max Muspratt fue nombrado presidente de la misma, el empresario John Glynn ejerció de secretario honorífico y el banquero J. Hope-Simpson fue elegido tesorero.[45]

43  Agustín Edwards, "Lecture", *Report and Transactions*, 17–30. Frederick Alexander Kirkpatrick (1861–1953) era originario de Celbridge (Irlanda).

44  Archive of the University of Liverpool. Gilmour Chair of Spanish: P5/3.

45  Así se hace constar en un listado de miembros sin datar que se conserva en el ULKCA: ASS KAS/AC2/F354. Max Muspratt (1872–1934) era un empresario

El catedrático James
Fitzmaurice Kelly
(1857–1923). Retrato
realizado por John
Lavery en óleo sobre
lienzo en 1898.

Cortesía de la National
Portrait Gallery, London ©.

Esta filial tuvo escaso recorrido y su actividad debió de ser casi nula durante la Gran Guerra. A principios de 1920, sus responsables remitieron una carta a la sede de Londres, manifestando la situación crítica por la que atravesaba esta corporación y planteando cambios en su estructura. El comité ejecutivo londinense pidió a Mackay que visitara Liverpool como representante de la organización a nivel nacional. Sin embargo, el veterano

de Liverpool que heredó el negocio de su familia (United Alkali works), el cual incorporó al complejo industrial: Imperial Chemical Industries. Estudió en Zurich y en el Clifton College. Dedicó su vida al mundo de los negocios y a la industria química. Durante la Gran Guerra, fue miembro del comité de explosivos y colaboró con el servicio de municiones. Por su labor, fue nombrado *baronet* en 1922. También participó en política, siendo el líder del partido liberal del Merseyside. Fue alcalde de Liverpool en 1916 y 1917, y ocupó distintos cargos en la administración local. Fue miembro del Liverpool University Council. Véase: "Sir Max Muspratt", *The Times,* 21 abril, 1934, 12. Hubo dos reuniones en el ayuntamiento de Liverpool en 5 de junio y 25 de octubre de 1917. La primera fue privada y la segunda pública. Aunque se eligió un junta directiva, desconocemos el alcance del proyecto. Mackay debió de intervir en esos encuentros. Véase: John Mackay, *The Anglo-Spanish Society, Hon. Organising Secretary's General Report, Oct 28th, 1919,* 4. AASS.

catedrático no pudo hacer nada para evitar el colapso. Así, esta delegación fue suprimida y sus socios se incorporaron a la Cámara de Comercio Latinoamericana de la ciudad.[46]

A pesar del fracaso, hubo un segundo intento por establecer una filial en Liverpool. A finales de 1920, Edgar Allison Peers, que había sido nombrado sustituto de Fitzmaurice-Kelly, escribió al comité ejecutivo de Londres para reorganizar una delegación a orillas del Mersey. Desde la sede londinense, le recomendaron que hablara con los miembros de la sección latinoamericana de la Cámara de Comercio de la ciudad. Desconocemos las gestiones que Peers realizó, pero no llegaron a buen puerto. Ahora bien, la idea fue retomada algún tiempo después y en 1934 se estableció la Liverpool Hispanic Society, que en tres años alcanzó una cifra de 1.560 socios.[47]

Muchos años después, se creó una filial de la Anglo-Spanish Society para el norte de Inglaterra. Florence Doyle-Davidson y Lord St. Oswald fueron los fundadores de esta Northern Branch, que tuvo su sede en Leeds. Dicha mujer había sido estudiante de español en el King's College London y pertenecía a la asociación londinense desde 1924. Desde finales de los años 60, ocupó la presidencia de esta delegación norteña, la cual tuvo un espacio en la revista de la organización.[48]

A estas filiales, habría que añadir las agrupaciones que, aunque surgieron de forma independiente, acabaron uniéndose a la Anglo-Spanish Society o colaborando con ella, ya que compartían sus funciones e ideales. En octubre de 1918, Mackay visitó Escocia para ayudar a formar la Spanish Society of Scotland. Esta nueva asociación quería mantener su independencia y tener un carácter local, pero, a su vez, se afilió a la sociedad de

---

46  Acta (24/03/1920). *Minute Book*, 1919–1921. AASS.

47  Acta (4/11/1920), *Minute Book*, 1919–1921, 176–177. AASS. Véase también: Editor, "Institute of Hispanic Studies", *The Times,* 3 octubre, 1936, 9; y Editor, "Second Best-known language", *The Times*, 10 octubre, 1934, 8. Edgar Allison Peers (1891–1952) fue uno de los hispanistas más sobresalientes del siglo XX. Tras estudiar en Cambridge, enseñó en distintas escuelas inglesas. En 1919, fue nombrado profesor de español en la Universidad de Liverpool, donde ocupó la Gilmour Chair of Spanish desde 1922. En esta época, creó una escuela veraniega de español, el *Bulletin of Spanish Studies* y el Institute of Hispanic Studies. A su lado, se formaron importantes hispanistas británicos, como Jack Metford o Reginald Brown. Véase: E. A. Peers, *Redbrick University Revisited, The Autobiography of "Bruce Truscot",* edited by Ann L. Mackenzie and Adrian R. Allan (Liverpool, LUP, 1996), 121–122 y 156.

48  "Anglo-Spanish News", *The Anglo-Spanish Society Quarterly Review*, 70 (enero-febrero 1969), 24. Véase también: "Annual Dinner at the Inn on the Park", *The Anglo-Spanish Society Quarterly Review*, 125 (Verano 1983), 10–11.

Londres y estuvo en contacto con la Foreign Office. Se establecieron dos sedes, una en Glasgow y otra en Edimburgo. En 1920, la primera contaba con 200 miembros frente a los 90 de la segunda. Posteriormente, fueron fundadas otras sucursales más pequeñas en Aberdeen y Dundee, pero la de Glasgow llevó la voz cantante. Varias compañías que tenían intereses en España e Hispanoamérica apoyaron económicamente a esta organización para que abriera sus oficinas centrales en el número 1 de Blythswood Square en la capital escocesa.[49]

Uno de los principales objetivos de esta asociación era la difusión de la cultura española en Escocia. Por eso, sus miembros colaboraron con las Cámaras de Comercio de la zona, organizaron conferencias e inauguraron exposiciones. Asimismo, articularon un programa de becas para que estudiantes y profesores viajaran a países hispanohablantes. Además, los socios trataron de reunir el dinero necesario para fundar una cátedra de lengua y literatura española en la Universidad de Glasgow. Al final, este proyecto fue financiado por Daniel Macaulay Stevenson, creándose la Stevenson Chair of Spanish en 1924. La sede central de la Anglo-Spanish Society remitió una carta de agradecimiento a este filántropo.[50]

Antes del establecimiento de esta cátedra, una Lectureship in Spanish fue creada en la Universidad de Edimburgo en 1919. El primer ocupante de esa plaza fue el colombiano Baldomero Sanín Cano, quien había sido corresponsal en Londres del periódico argentino *La Nación* y colaborador habitual de la Anglo-Spanish Society. Este puesto fue fundado con una donación que hizo D. M. Forber. Las distintas sedes de la asociación escocesa también contribuyeron a dotar económicamente la enseñanza del español en ese centro universitario.[51]

La Spanish Society of Scotland organizó diversas actividades para difundir el español entre un público más amplio. Los lunes y miércoles por la tarde se celebraban clases de este idioma en los dos espacios que la asociación tenía en Glasgow. Esas lecciones estaban centradas en los aspectos literarios y comerciales de la lengua. El número de alumnos creció rápidamente, pasando de 8 a 80 estudiantes. Los martes había encuentros de conversación y los viernes se hacían reuniones para hablar de literatura. El programa se completaba con conferencias que impartieron ponentes como Maurice de Bunsen, William Ker o Salvador Madariaga.[52]

---

49 ULKCA: KAS/AC2/F354. Anglo-Spanish Society, *Report and Transactions...*, 20.
50 ULKCA: KAS/AC2/F354. Véase el acta del Comité Ejecutivo (01/02/1924). *Minute book.* AASS.
51 "News in Brief. Spanish at Edinburgh", *The Times*, 8 noviembre, 1919, 9.
52 Anglo-Spanish Society, *Report and Transactions...*, 20–21.

Todo lo anterior fue posible gracias a un estructura bien definida. Mientras que el director de la Spanish Society of Scotland fue el rector de la Universidad de Glasgow, Donald MacAlister, el puesto de presidente honorífico fue ocupado por Lord Glenconner. La sociedad escocesa se rigió por un consejo general que formaban representantes de Glasgow y de Edimburgo. El secretario fue E. Hallam Roantree, quien intervino en la fundación de la organización. Pocos datos tenemos sobre el futuro de esta asociación, pero el interés por la cultura española siguió presente en Escocia y distintas organizaciones, como el Edinburgh Spanish Circle (creado en 1932), dieron continuidad a esta iniciativa.[53]

En definitiva, la Anglo-Spanish Society contó con filiales que facilitaron el cumplimiento de sus misiones y objetivos, ampliando su campo de acción a distintas partes de Gran Bretaña. Más aún, miembros de la sede londinense, como Mackay, propiciaron la creación de nuevas sociedades, que fueron ramas del mismo árbol: la diplomacia cultural.

---

53 *Ibídem*, 19. Lord Glenconner presidió la sección social y económica de la sede central de la Anglo-Spanish Society. Donal MacAlister (1854–1934) fue educado en Aberdeen y en Liverpool. Consiguió una beca para estudiar en los colleges oxonienses de Balliol y Worcester. De allí pasó al St John's College de Cambridge, en donde llegó a ser fellow. Se especializó en matemáticas, pero también se interesó por la medicina y otras disciplinas. En 1907 fue nombrado Vice-Chancellor y Principal de la Universidad de Glasgow, puestos en los que estuvo hasta 1929. Véase: "Sir D. Mac Alister. A great academic organizer", *The Times*, 16 enero, 1934, 14.

**3**

# La Anglo-Spanish Society
# en el periodo de entreguerras

La guerra terminó y el intenso interés desapareció,
justo cuando se encontró una oficina, una secretaria fue
nombrada y la petición sistemática de fondos empezó.

John Mackay[54]

E l final de la Gran Guerra supuso el inicio de un nuevo camino para
la Anglo-Spanish Society, que renunció definitivamente a cualquier
tipo de objetivo bélico y tuvo que adaptar sus fines y organigrama a la
nueva situación. Aunque tanto la sede de Londres como sus filiales ya
estaban funcionando a pleno rendimiento a la altura de 1918, el interés del
gobierno británico y el respaldo de diferentes sectores sociales disminuyeron
con el advenimiento de la paz. Por un lado, la Foreign Office optó por
una tutela menos intensa de la asociación, la cual nunca llegó a realizar
la tarea de propaganda en el exterior para la que había sido creada. Por
el otro, la mayoría de sus promotores había condicionado su participación
en el proyecto al enfrentamiento armado. Es decir, entendieron que su
vinculación a esta institución era una especie de servicio a la patria en
un momento difícil y la firma del armisticio hizo que muchos de ellos
abandonaran el barco.

A principios de 1919, uno de los mayores impulsores de la sede
londinense, Israel Gollancz, dimitió de todos sus cargos y se desvinculó
de la misma. En esa misma época, otro de los valedores de la asociación,
Ronald Burrows, también abandonó la gestión. Una enfermedad le hizo
dejar en suspenso todas sus actividades y finalmente falleció en 1920.

54 *Anglo-Spanish Society. Hon. Organising Secretary's Reports. General and Financial 1916–1919.* AASS.

Durante el periodo bélico, ambos habían tenido claras conexiones con la Foreign Office. Además, Burrows era el director del King's College London y había puesto este centro al servicio de los intereses de la sociedad. Su óbito marcaba el inicio de un relativo distanciamiento de la Anglo-Spanish Society con ambos organismos.[55]

Aunque la actuación de Mackay había sido criticada por algunos responsables del proyecto, el veterano catedrático continuó muy activo y adquirió un mayor protagonismo. Años más tarde, el embajador español en el Reino Unido y presidente honorífico de la sociedad, Alfonso Merry del Val, reconocía la labor acometida por Mackay para poner en marcha la asociación:

El primer paso práctico hacia la mejora del mutuo entendimiento hispano-británico lo dio el Sr. J. M. Mackay, catedrático emérito de Liverpool, a cuyos esfuerzos la Anglo-Spanish Society debe su origen. [...] El profesor Mackay formó la asociación para promover y mantener las relaciones amistosas entre los pueblos del Imperio británico y las naciones hispanas.[56]

A las bajas ya citadas, siguieron otras como la de Henry Davies o la de Fitzmaurice-Kelly, quienes se desvincularon o pasaron a desempeñar un papel testimonial. De ahí que hubiera numerosas novedades en la directiva de la organización entre 1919 y 1920. El capitán Alexander Quicke asumió la secretaría honorífica en ese periodo. A su vez, Lord Latymer fue sustituido por el financiero Lord Aldenham al frente del consejo general y por el académico John Withers en la presidencia del comité ejecutivo.[57]

Al mismo tiempo, la sociedad fue adquiriendo una estructura administrativa y, después de un largo peregrinaje, la sede londinense encontró su emplazamiento definitivo. En el primer año de su existencia, su "cuartel general" había estado en una habitación del Kenilworth Hotel y,

---

55 "Death of Dr. Burrows. A Champion of Greece", *The Times,* 17 mayo, 1920, 16.

56 Alfonso Merry del Val, "Anglo-Spanish Societies", *The Times,* 10 agosto, 1926, 22.

57 Anglo-Spanish Society, *Report and Transactions...* El capitán Alexander Quicke fue autor de un libro que llevaba por título: *Adventure and exploration in South America,* (London, Dutton, 1930). En aquella época, el título de Lord Aldenham era detentado por Alban George Henry Gibbs (1846–1936), quien, después de pasar por Eton y el Christ Church de Oxford, tomó las riendas de la firma familiar Antony Gibbs and Sons, la cual había realizado distintos negocios en España y en varios países latinoamericanos desde el siglo XIX. También fue miembro del parlamento por el partido conservador. Véase: "Lord Aldenham", *The Times,* 11 mayo, 1936, 17. John James Withers (1863–1939) fue un académico y político que estuvo muy vinculado a las Universidades de Cambridge y de Oxford.

**Alban George Henry Gibbs** (1846–1936), conocido como Lord Aldenham, fue uno de los principales dirigentes de la asociación en la inmediata posguerra.

Foto de Walter Stoneman (1919). Cortesía de la National Portrait Gallery, London ©.

posteriormente, ocupó una sala del King's College London para celebrar reuniones. En 1918, una oficina fue alquilada en el número 2 de Bloomsbury Square, pero, como veremos, los problemas económicos motivaron una última mudanza en 1921. Finalmente, la residencia de la asociación se fijó en Cavendish Square.[58]

Para gestionar la oficina de la sede central, se contrató a una secretaria: F. J. Rudston Brown. Esta mujer se hizo cargo del papeleo generado por la organización y desarrolló una labor fundamental para el funcionamiento de la misma en la inmediata posguerra. A finales de 1919, esta empleada se vio sobrepasada por la carga de trabajo y solicitó la contratación de alguien que le auxiliara en sus quehaceres. La dirección accedió a ello y una persona le apoyó de forma temporal en las tareas administrativas.[59]

Estas contrataciones fueron posibles gracias a una supuesta mejora de las finanzas de la sociedad. En 1919, los dirigentes anunciaron que las cuentas arrojaban un pequeño superávit. Este boyante contexto había

58 Alfonso Merry del Val, "Anglo-Spanish Societies", *The Times,* 10 agosto, 1926, 22.
59 Acta del Comité Ejecutivo de 6 de noviembre de 1919. *Minute Book,* 130–134. AASS.

sido generado por el progresivo aumento del número de socios, que sólo en el núcleo londinense alcanzó la cifra de 718 en 1920, así como por las donaciones que algunas empresas habían realizado durante la Gran Guerra. Pero, la situación económica era menos halagüeña de lo que el tesorero, R. E. Carr, había mostrado en los balances. En 1921, John Withers informó a su equipo ejecutivo de los acuciantes problemas pecuniarios que la institución atravesaba. Estas revelaciones provocaron una serie de cambios. De inmediato, Alfred Edgar Vere Barker se puso al frente de la tesorería. John Withers, agobiado por su trabajo en Cambridge, presentó su renuncia y el bibliotecario de la Foreign Office, Stephen Gaselee, asumió la presidencia del comité ejecutivo. Bartolomé Sanín Cano y John Mackay fueron nombrados secretarios honoríficos de la sociedad, cuya dirección también estuvo integrada por Henry Thomas y Harold Carvalho.[60]

Para sobreponerse a esta inesperada crisis financiera, Mackay negoció con el Centro Español de Londres, que contaba con el apoyo de la Embajada de España en la capital británica, una colaboración que les ayudara a reducir costes. El acuerdo fue aprobado a mediados de 1921. Si bien la Anglo-Spanish Society perdió una parte de su independencia, se vio claramente beneficiada por esa unión. Aquel centro le ofreció unos locales en el número 5 de Cavendish Square para establecer sus oficinas y permitió a sus socios utilizar las instalaciones de ese edificio.[61]

Gracias a este acuerdo, la asociación pudo continuar con su labor de promoción de la lengua y la cultura españolas. A la altura de 1920, el comité ejecutivo puso de manifiesto que este trabajo ya estaba dando sus frutos:

> El Comité observa con alegría que se está produciendo un aumento del interés por lo español, como lo demuestran frecuentes artículos y alusiones en la prensa, y también por las preguntas que llegan a las oficinas de la Sociedad, que en abril de este año enviará un informe

---

60 Anglo-Spanish Society, *Report and Transactions...*, 12. Podemos encontrar información sobre los cambios en la dirección y los problemas económicos en las actas de 26 de enero, 6 de febrero y 15 de febrero de 1921. Véase: *Minute Book*. AASS. Rudston Brown dimitió a principios de 1921. Stephen Gaselee (1882–1943) estudió en Eton y en el King's College de Cambridge. Trabajó como bibliotecario (Pepys Librarian) del Magdalene College hasta 1919. Durante la Gran Guerra, entró en la Foreign Office, donde fue bibliotecario y archivero desde 1920. Mantuvo conexiones con Cambridge, lo cual fue muy útil para realizar distintos proyectos. Ayudó a Esme Howard a organizar una serie de conferencias en España, que fueron el precedente de la creación del Comité Hispano-Inglés. Además de presidir la Anglo-Spanish Society, escribió alguna obra sobre España. Véase: "Sir Stephen Gaselee", *The Times*, 17 junio, 1943, 7.

61 Acuerdo de 1 de julio de 1921. *Minute Book*, 1919–1921. AASS.

sobre la enseñanza del español en las universidades y escuelas de las Islas Británicas a todos los miembros, y que ya está a la venta en las oficinas de la Sociedad.[62]

Estos avances fueron posibles dentro de una coyuntura política que todavía era propicia a los intereses de la asociación. En 1918, David Lloyd George, líder del partido liberal, había sido reelegido como Primer Ministro, favoreciendo, de esta forma, la continuación de diferentes proyectos que se emprendieron durante el conflicto armado. Algunos autores señalan que Lloyd George prestó mucha atención a la política exterior, que se convirtió en la máxima preocupación de su último mandato. De hecho, él figuró entre los vicepresidentes de esta sociedad hispano-británica. Sin embargo, en 1922 su ejecutivo fue sucedido por el del conservador Andrew Bonar Law, quien, tras un brevísimo periodo, dio paso a una época en la que Stanley Baldwin estuvo varias veces al frente del gobierno. La desaparición de Lloyd George de los puestos de poder acabó traduciéndose en un menor apoyo gubernamental a la labor de la Anglo-Spanish Society, la cual, en alguna medida, era un producto de la estrategia diplomática de ese prócer.[63]

A pesar de los cambios políticos, la crisis financiera y las bajas de algunos promotores, la asociación continuó con su labor, que tuvo una finalidad económica y cultural al mismo tiempo.

### 3.1. La doble misión de la Anglo-Spanish Society

Nuestro comercio con España e Hispanoamérica es muy grande y nuestros comerciantes y financieros siguen gozando de una gran reputación entre los pueblos hispanohablantes. Pero esto está insuficientemente apoyado por una organización en Gran Bretaña. La Anglo-Spanish Society (…) ha sido fundada para promover esto y es importante observar que se está haciendo hincapié en los aspectos educativos. El español es una de las grandes lenguas comerciales y literarias del mundo, y su estudio necesita ser extendido ampliamente entre nosotros.[64]

Durante la Gran Guerra, los Estados Unidos aprovecharon para hacerse

---

62 Anglo-Spanish Society, *Report and Transactions…*, 13.
63 ULKCA: ASS KAS/AC2/F354.
64 "An Anglo-Spanish Entente", *Liverpool Daily Post,* 27 octubre, 1917. AASS.

con el control del comercio en Hispanoamérica y por eso, al final de ese conflicto, numerosas compañías británicas que operaban en aquellas tierras decidieron liquidar sus negocios y buscarse la vida en otros territorios. A pesar de estas deserciones, Gran Bretaña seguía teniendo una presencia importante en las economías de países como Argentina o Chile, y algunas de sus empresas todavía querían disputarle al gigante estadounidense la hegemonía del mercado hispanoamericano. Como es sabido, el gobierno de Londres y la Foreign Office habían puesto en marcha un plan para mejorar las relaciones mercantiles con España y sus antiguas colonias. Una parte de esta estrategia consistía en difundir el aprendizaje de la lengua española en las Islas Británicas, ya que se pensaba que el dominio de este idioma facilitaría la recuperación comercial al otro lado del Atlántico. Educación y economía iban de la mano en este proyecto diplomático.

Detrás de esta singular unión, estaba una creencia muy extendida entre los británicos en la utilidad que el español tenía para el mundo de los negocios. La aplicación de esta lengua a las actividades comerciales era la manida justificación en la que se apoyaban los proyectos encaminados a difundir su enseñanza en Gran Bretaña. A mediados del siglo XX, el hispanista Edgar Allison Peers recordaba la etiqueta que frecuentemente se ponía a este idioma:

> La creencia en el español como una lengua "comercial" había sido atacada enérgicamente varias veces por aquellos que la conocían mejor, pero difícilmente se podía acabar con ella […] "Supongo que te dedicarás al mundo de los negocios" era el comentario más habitual cuando un escolar o universitario expresaba su deseo de especializarse en español antes que en francés o en alemán. El francés "te llevaba a todas partes", el alemán era necesario para sumergirte en los misterios de la ciencia y el español sólo te ayudaba a ser un gran comerciante.[65]

Esta creencia tenía su origen en el éxito que algunos empresarios británicos habían conseguido comerciando en Hispanoamérica a finales del siglo XIX. Frente a lo que cabría imaginar, el enfrentamiento armado y el retroceso mercantil de Gran Bretaña en esos territorios sólo contribuyó a extender esta especie de fe en la lengua española. Así lo entendía el escritor colombiano Baldomero Sanín Cano:

> En general, se piensa que los ojos de la opinión pública están ahora abiertos a la necesidad de dar más atención y tiempo al estudio del

65 Edgar Allison Peers, "Twenty-five years", *Bulletin of Spanish Studies*, XXV/3 (1948), 199–206.

español. La guerra ha demostrado claramente la importancia política y comercial de los diecinueve países hispanohablantes de ambos hemisferios.[66]

Este interés por el español llevó a la Anglo-Spanish Society a poner el acento en la extensión de su estudio entre los británicos. En gran medida, esta asociación fue creada para ayudar en esta tarea educativa. En su primer anuncio, el grupo que fundó la filial de Oxford ya afirmaba esta vocación formativa:

La sociedad británica tratará de asegurar una adecuada provisión de profesores de lengua y literatura españolas en las universidades, colleges, escuelas y centros de clases diurnas y nocturnas. La sociedad promoverá la dotación de cátedras y lectorados de español, como también la provisión de becas de viaje para estudiantes que han demostrado competencia en el idioma español. Las escuelas universitarias de estudios españoles en Londres, Liverpool, Oxford, Cambridge, Manchester, Leeds, Birmingham y en otros lugares contarán con la simpatía y el apoyo de la asociación.[67]

Las filiales participaron activamente en la tarea de difusión de la docencia del español en los centros educativos de Inglaterra y Escocia. Las universidades que carecían de una delegación de esta sociedad también recibieron su apoyo para promover el estudio de este idioma. Por ejemplo, la asociación respaldó al catedrático de francés y lenguas romances Douglas Loyd Savory en la creación de una Lectureship in Spanish en la Queen's University Belfast. El barcelonés Ignacio González Llubera ocupó esta plaza, desde la que enseñó castellano y catalán a sus alumnos.[68]

Más allá de apoyar proyectos puntuales, los responsables de la institución decidieron hacer una valoración de la situación a la que tenían que enfrentarse. A principios de los años 20, la Anglo-Spanish Society emitió un informe sobre la instrucción de este idioma en las universidades y en las escuelas de las islas: *The Teaching of Spanish in the Universities and Public Schools of the British Isles*. Este texto presentaba un panorama

66 Baldomero Sanín Cano, "Why we should learn Spanish. Commercial importance of the language", en el ULKCA: KAP/BUR 164. Spanish, General, 1915–1918.

67 Mackay et alter "Anglo-Spanish Sympathy. A new Society founded", *The Times*, 15, septiembre, 1916, 9.

68 Acta del Comité Ejecutivo (04/02/1920), *Minute Book, 1919–1921*, 139. AASS. Véase también: Frank Pierce, "Ignacio Miguel González Llubera (1893–1962)", *Bulletin of Hispanic Studies*, XXXIX/3 (julio 1962), 188–192.

general de la enseñanza del español en Gran Bretaña e Irlanda. Aunque sus autores reconocían ciertos avances, señalaban que todavía quedaba mucho por hacer. Entre otras cosas, se aspiraba a incrementar el profesorado, a establecer becas y a favorecer el intercambio de estudiantes con países hispanohablantes.

La labor educativa de la sociedad fue su faceta más sobresaliente y duradera. Pero, sus miembros no estuvieron solos en este esfuerzo. En enero de 1920, la sede londinense se unió a la Asociación de Lenguas Modernas (Modern Language Association) para organizar un congreso de profesores de español. Desde ese momento, comenzó una estrecha colaboración entre ambas instituciones para el fomento del aprendizaje y la enseñanza de este idioma. Por esas mismas fechas, la Anglo-Spanish Society abrió una biblioteca en sus oficinas centrales que tenía cerca de 200 volúmenes escritos en español.[69]

A pesar de esta intensa actividad, algunos de los proyectos que la sociedad estuvo barajando no llegaron a realizarse por falta de fondos o capacidad logística. Tal vez, la más llamativa de estas iniciativas fue la edición de una revista bilingüe que se pensaba publicar a principios de 1920. La idea fue propuesta por uno de los lectores de la londinense *Pall Mall Gazette*:

> Me alegra ver que usted está interesado en las actividades de la Anglo-Spanish Society. Se me ocurre que este organismo y la causa que defiende harían un trabajo todavía más admirable del que realmente están logrando si empezaran una revista anglo-española. Este diario -o mejor dicho mensualmente [es un juego de palabras con el termino inglés "journal"]- debería estar dedicado en alguna medida -digamos un 25%- a los intereses comerciales. El resto debe, en mi opinión, estar centrado en la literatura, el arte, la música y todos los elementos espirituales que tiendan a establecer una entente entre dos grandes naciones.[70]

Aunque el comité ejecutivo estuvo pensando en publicar una revista, los escasos recursos económicos impidieron la consecución de este proyecto editorial. La falta de fondos fue uno de los problemas que la asociación

---

69 Anglo-Spanish Society, *Report and Transactions...*, 13–14.

70 Esta carta fue publicada en *Pall Mall Gazette,* 19 de abril, 1919; y en "Anglo-Spanish Relations", *The Anglo-Spanish Society Quarterly Journal*, 179 (Verano 1998), 12. Según consta en un acta de 2 de marzo de 1920, se planteó la posibilidad de publicar una revista a finales de ese año. Véase: *Minute Book*, 1919–1921. AASS.

afrontó. En un acto que se celebró el 6 de julio de 1920, el presidente de la misma durante la inmediata posguerra, Arthur Hardinge, reconocía el interés de la organización por impulsar el estudio del español, cuando la financiación lo permitiera:

> Los padres se están dando cuenta del valor que tiene saber español (…) y uno de nuestros objetivos, cuando las finanzas de la sociedad lo permitan, es ofrecer premios anuales a los mejores estudiantes de español de las escuelas.[71]

Estos contratiempos no impidieron que la asociación aumentara y diversificara su oferta educativa durante la posguerra, yendo más allá de la promoción de la lengua española. Si en 1917 la sede londinense sólo celebró cuatro conferencias, ya en 1923 sus miembros organizaron 31 eventos, que incluían reuniones, conciertos y ponencias. Estos actos acercaban al público a una gran variedad de temas que iban desde la historia, la pintura y el folclore de España hasta la vida en países hispanoamericanos.[72]

La sociedad también quiso que las compañías con intereses en España o en Hispanoamérica apoyaran la difusión del español en Gran Bretaña, ya que, de acuerdo con la creencia en el valor comercial del idioma, eran consideradas las receptoras de los beneficios a largo plazo. Por ejemplo, el empresario inglés Weetman Pearson, más conocido como Lord Cowdray, fue vicepresidente de la sede central de la Anglo-Spanish Society y donó cuantiosas sumas de dinero para que esta lengua fuera enseñada en la Universidad de Leeds a partir de 1918. Este filántropo había hecho importantes negocios en países como México, donde estableció la petrolera The Mexican Eagle Oil Company. De ahí su interés por la cultura hispana.[73]

Otros hombres de negocios formaron parte de la asociación, ayudando a su mantenimiento y participando en la difusión del español en Gran Bretaña. Todos ellos integraban la sección económica y social de la

71 "Spanish as an asset in Business", *Daily Chronicle,* 7, julio, 1920. AASS. Hardinge fue "president" de la sede central desde diciembre de 1919.

72 En 1924, se organizaron 34 actos y en 1925 se registró la misma cifra de eventos. Merry del Val, "Anglo-Spanish Societies", *The Times,* 10 agosto, 1926, 22.

73 Weetman D. Pearson (1856–1927) visitó México por primera vez en 1889. Desde esa fecha, el Porfiriato le encargó la construcción de líneas de ferrocarril, del sistema de drenaje de la capital, de puertos, etcétera. A principios del siglo XX, Lord Cowdray fundó The Mexican Eagle Oil Company. El éxito de esta empresa fue apabullante y en 1913 México era ya el tercer productor de crudo del mundo. Véase: Leslie Bethell, "Britain and Latin America in historical perspective", *Britain and Latin America: a changing relationship*, ed. Victor Bulmer-Thomas (Cambridge, CUP, 1989), 1–24.

organización, la cual trató de facilitar los contactos del empresariado británico con diplomáticos de España e Hispanoamérica. Para ello, se programaron reuniones formales e informales. El chileno Agustín Edwards Mac-Clure, quien fue presidente honorífico de la sede londinense desde 1919, fue uno de los promotores de estos encuentros.[74]

En esta misma línea, se programó un gran número de conferencias, que tuvieron como tema principal las relaciones hispano-británicas. Estas ponencias fueron anunciadas en la prensa y la asociación publicó las más destacadas. El objetivo de las mismas era dar a conocer la situación política y económica de las ex colonias españolas en América. Uno de los discursos más celebrados fue el de William Koebel, quien, en diciembre de 1919, impartió una charla titulada: *The Development of Commerce with South America*.[75]

En definitiva, la labor educativa que la asociación desarrolló durante sus primeros años también tuvo una dimensión económica. Se pensaba que el conocimiento de la lengua e idiosincrasia de los países hispanohablantes podía ser muy útil para impulsar los intercambios comerciales con estas naciones. Ahora bien, la ligera mejora de las transacciones mercantiles fue la consecuencia de muchas causas que van más allá de la política cultural que esta sociedad protagonizó.

Si bien es difícil determinar el impacto que esta asociación tuvo en el ámbito de las relaciones mercantiles, es indiscutible que el esfuerzo de sus miembros en el plano educativo permitió que la docencia del español se extendiera en Inglaterra y Escocia. La Anglo-Spanish Society cumplió una misión doble que, al menos, tuvo consecuencias pedagógicas muy positivas.

## 3.2. El lento camino hacia la disolución

A pesar de los logros que se estaban consiguiendo, la actividad de la asociación sufrió altibajos a partir de mediados de la década de 1920. El impulso que la Gran Guerra dio a esta organización casi había desaparecido a esas alturas. Asimismo, el respaldo político y económico era mucho menor, ya que los objetivos que la sociedad perseguía eran menos acuciantes para la elite del país. Por un lado, muchos empresarios británicos vendieron sus negocios en Hispanoamérica y volvieron la vista al comercio con los territorios de su propio imperio. Por el otro, el valor estratégico que se había atribuido a España y a otros Estados neutrales durante el conflicto

74 Anglo-Spanish Society, *Report and Transactions...*, 5.
75 William Koebel, "The Development of commerce with South America" en Anglo-Spanish Society, *Report and Transactions...*, 31–45.

fue relativizado en tiempos de paz. En este contexto de cambio, la institución experimentó una transformación interna que parecía ser un intento de adaptación a los nuevos tiempos.

El 16 de julio de 1924, se celebró una reunión de los miembros de la sede central para decidir un cambio en la naturaleza jurídica de la sociedad, que quedó articulada como una especie de compañía privada. Lejos de ser un mero trámite burocrático, su organización fue alterada mediante un memorando que recogía las funciones de los socios y establecía unas reglas que, si bien se apoyaban en el ordenamiento anterior, trajeron consigo varias modificaciones. Por ejemplo, los propósitos de la institución quedaron reducidos a dos:

(1) Fomentar y mantener relaciones de amistad y simpatía entre los pueblos del Imperio Británico y las naciones de habla española.

(2) Llevar a cabo todas aquellas acciones dentro de la ley encaminadas a la consecución del objetivo anterior.[76]

También se resumió el nombre de la sociedad, que siguió siendo Anglo-Spanish Society, pero perdió una importante coletilla: "of the British Empire and Spanish-speaking countries". Esta variación nominal anunciaba el nuevo camino que la asociación tomaría años más tarde y que la llevó a centrar su actividad exclusivamente en España. Y es que, si bien siguió prestando atención a los países hispanoamericanos durante este periodo, otras instituciones fueron fundadas para promover el conocimiento de la cultura de estas naciones en Gran Bretaña, como, por ejemplo, el Centro de Estudios Ibero-Americanos de la Universidad de Manchester.[77]

Pero ahí no acabó todo. El memorando aprobado por el consejo general contenía varias disposiciones para reorganizar la sede central de la sociedad. Así, se fijó un tope para el número de socios, que debía ser inferior al millar. Estas novedades pretendían estabilizar la organización, pero impidieron su ulterior expansión y provocaron que el núcleo de Londres dejara de ejercer un liderazgo con respecto a sus filiales.

Al mismo tiempo, estos cambios revelaban que la sociedad había perdido la estrecha vinculación que tuvo con la Foreign Office. La desaparición de escena de varios mediadores, la pérdida del interés de las autoridades diplomáticas en la posguerra o los cambios que se produjeron

---

76 *Memorandum of Association*. El cambio de su naturaleza jurídica era anunciado en una diligencia de junio de 1924 que estaba firmada por el entonces secretario honorífico de la sociedad: L. E. Elliott. AASS.

77 "Manchester", *Bulletin of Spanish Studies*, I/1 (diciembre 1923), 34.

en el gobierno desde 1922 hicieron que la asociación fuera cada vez más independiente de la maquinaria estatal. No obstante, la Anglo-Spanish Society siempre conservó una relación con la diplomacia española, hispano-americana y británica. Y es que numerosos representantes de estos países fueron activos miembros y colaboradores tanto de la sede central como de las filiales.

Eso sí, la sociedad tuvo que afrontar la situación enrarecida por la que pasaban las relaciones entre España y el Reino Unido durante estos años. La instauración de la dictadura de Miguel Primo de Rivera en 1923, la llegada al poder de los laboristas en 1924, la guerra en el norte de África o la polémica internacional por la expulsión de Unamuno de la Universidad de Salamanca fueron algunos de los sucesos que generaron cierta tensión entre ambos países a mediados de la década de 1920. Si bien la Anglo-Spanish Society aspiraba a mantenerse al margen de los vaivenes políticos, estos cambios afectaron a su estabilidad.[78]

A pesar de las dificultades, la sociedad continuó con su labor educativa. Aparte de la fundación de la cátedra de español en Oxford en 1927, se pusieron en marcha iniciativas más modestas, pero que fueron muy populares. Ya en 1923, se había creado un servicio de intercambio postal, *Exchange Correspondence Section,* que permitió a más de 500 estudiantes británicos cartearse con sus homólogos españoles. La asociación también impulsó la reedición de alguna obra, como *Three Plays by Calderón* de George Tyler Northup, para regalarla a sus socios en Navidad y, de esta forma, dar a conocer la obra del escritor español.[79]

Estos esfuerzos no impidieron que la actividad de la Anglo-Spanish Society acabara resintiéndose a finales de los años 20. Todo apunta a que la falta de apoyo gubernamental y las estrecheces propias de la Gran Depresión de 1929 afectaron a su labor. Aun así, la institución luchó por su supervivencia y prosiguió con sus quehaceres a principios de la década de 1930. Algún informe dejaba entrever los problemas que todavía afrontaba por aquella época:

> El punto clave de este informe sobre las actividades de la Sociedad durante el año pasado es el optimismo. Si tenemos en cuenta las

---

78  Javier Tusell y Genoveva García, *El dictador y el mediador. España-Gran Bretaña 1923–1930* (Madrid, CSIC, 1986).

79  *Report of the Anglo-Spanish Society of Spanish Speaking Countries and the British Empire*, 1932, 17. La asociación encargó 200 ejemplares de la edición que Northup había hecho de tres obras de Calderón en 1926. La impresión acabó en 1927 y el propósito era regalar una copia a cada miembro de la organización. Véase: "Did you know?", *The Anglo-Spanish Society Quarterly Review*, 219 (Autumn 2008), 27.

dificultades de los tiempos que corren y que las organizaciones como la nuestra son las primeras en sufrir, los resultados han sido de lejos mejor de lo que se podría esperar.[80]

Aunque el contexto distaba de ser el mejor, la asociación intensificó su actividad al iniciarse los años 30. Entre otras cosas, sus miembros organizaron representaciones de obras teatrales, cenas bimensuales, encuentros para tomar el té y charlas sobre la cultura española e hispanoamericana. Sólo en 1932, se celebraron 14 conferencias (11 de las cuales fueron en español). En 1932, varios socios también se reunieron en diez ocasiones para comer, debatir o conversar. Más aún, la sociedad comenzó a conceder premios para los alumnos de las escuelas británicas que escribieran los mejores ensayos en español.[81]

Estas actividades culturales y educativas fueran inspiradas por el grupo de intelectuales y pedagogos que rigieron la institución londinense durante esta época. En la presidencia estuvo Henry Thomas, quien desde la biblioteca del Museo Británico contribuyó al estudio de las literaturas portuguesa y española en el Reino Unido. Además, algunos profesores del King's College London pertenecían a la asociación o participaron en la organización de eventos. Mención especial merece Janet Hunter Perry, quien era miembro del comité ejecutivo. Esta docente medió entre socios británicos y españoles para el buen funcionamiento de la corporación.[82]

Aunque algunos habían nacido en España o en un país de Hispanoamérica, muchos miembros eran británicos que tenían algún vínculo con esos territorios. Había varios docentes de lengua y literatura española, así como diplomáticos que habían servido en Madrid o en la

---

80 *Report of the Anglo-Spanish Society...*, 1932, 14.

81 *Ibídem*, 17.

82 *Ibídem*, 14. Janet Hunter Perry (1884–1958) se incorporó al departamento de español del King's College London como estudiante de doctorado en 1918. Perry había cursado su carrera en Irlanda, centrándose en el alemán y el francés. Al finalizar esa etapa, se dedicó a enseñar español en las escuelas londinenses y decidió preparar una tesis en estudios hispánicos para obtener un Master of Arts. Realizó esa investigación bajo la supervisión de James Fitzmaurice-Kelly. En 1920, entró a formar de la plantilla docente de ese departamento, donde enseñó gran parte de su vida. Véase: Rita Hamilton, "Janet Hunter Perry, 1884–1958", *Bulletin of Hispanic Studies*, XXXV/3 (1958), 177–178. Henry Thomas (1878–1952) estudió en las universidades de Birmingham y Londres, alcanzando el grado de Doctor en Letras. Fue un miembro importante del Museo Británico y Principal Keeper of Printed Books en la biblioteca del mismo. Fue un hispanista muy conocido. A ello debió de contribuir su constante participación en asociaciones bilaterales como la Anglo-Spanish Society. Véase: "Obituary: Sir Henry Thomas", *Vida Hispánica*, VI/ 2 (octubre de 1952), 6.

capital de un país hispanohablante. Además, los españoles e hispanoamericanos que formaban parte de la organización generalmente estaban asentados en el Reino Unido, donde vivían y trabajaban. El profesor del King's College London Rafael Martínez Nadal y el librero catalán Joan Gili eran ejemplos de este grupo.[83]

A pesar del renacer que experimentó la sociedad a principios de la década de 1930, su actividad fue languideciendo paulatinamente hasta que la asociación desapareció del mapa al inicio de la Guerra Civil que se desató en España en 1936. Los españoles que se exiliaron en el Reino Unido buscaron ayuda en otras instituciones o fundaron algunas propias. Si bien diferentes documentos señalan que la Anglo-Spanish Society seguía funcionando en 1939, su labor fue testimonial y esporádica, aunque todavía se incorporó un puñado de socios y se organizó algún acto público.[84]

Si la actividad de esta sociedad fue titubeante durante los últimos años de paz en el Reino Unido, todo apunta a que fue nula a lo largo de la Segunda Guerra Mundial. En ese periodo bélico, no se hicieron más socios y la institución aparentemente se paralizó. El enfrentamiento armado supuso un gran trance para los británicos y nadie se preocupó por

83 El cuaderno de socios se conserva en el AASS. Joan Lluís Gili i Serra (1907–1998) fue un conocido librero catalán. Al final de la Segunda Guerra Mundial, este barcelonés trasladó su librería londinense, Dolphin bookshop, a Oxford, donde se convirtió en una referencia para los hispanistas de esa ciudad. Editó traducciones al inglés de las obras de los principales autores de la literatura en castellano en aquella época. Además, fue autor de un manual para aprender catalán, presidente de The Anglo-Catalan Society y uno de los difusores de la lengua catalana en territorio británico. A pesar de carecer de estudios universitarios, en 1987 la Universidad oxoniense reconoció su labor cultural con un Master of Arts honorífico y su nombramiento como miembro correspondiente del Exeter College. Véase: "J. L. Gili", *The Times,* 21 mayo, 1998, 25. El madrileño Rafael Martínez Nadal (1903–2001) fue profesor del departamento de español del King's College London desde mediados de la década de 1930. Es recordado con frecuencia por ser uno de los amigos de Federico García Lorca, a quien dedicó varios trabajos. Martínez Nadal pisó territorio británico por primera vez en 1934. Véase: Martin Eaude, "Rafael Martínez Nadal", *The Guardian,* 22 marzo, 2001: http://www.guardian.co.uk/news/2001/mar/22/guardianobituaries.books [01/08/2014].

84 En diciembre de 1938, la prensa inglesa se hizo eco de una cena que la Anglo-Spanish Society organizó en Londres para agasajar a Eugen Millington Drake (1889–1972), quien había sido representante británico en Buenos Aires (1929–1933) y que entonces formada parte de la delegación diplomática en Montevideo (1934–1941). A esta reunión acudieron, Henry Thomas, que presidió el acto, y Stephen Gaselee, quien dijo unas palabras sobre la relación entre el Reino Unido y Uruguay. Véase: "Work of Anglo-Spanish Society", *The Times,* 13 diciembre, 1938, 4.

revitalizar una asociación que había perdido su sentido en un contexto geopolítico con nuevos actores y objetivos.

Al finalizar el conflicto, los responsables de la Anglo Spanish Society decidieron que su disolución era la única opción. El entonces presidente de la organización, Henry Thomas, contactó con Edward Wilson, quien había ocupado la cátedra Cervantes del King's College London en 1946. Este catedrático tuvo el dudoso honor de figurar como el último socio de la sede londinense (elegido el 12 de abril de 1946) y de hacerse cargo del legado de la sociedad. En aquel momento se pensó que no habría ningún tipo de continuidad, pero, como veremos, se equivocaron.[85]

El 25 de marzo de 1947, los miembros de la asociación se juntaron por última vez. En esa reunión extraordinaria decidieron la disolución voluntaria de la organización y nombraron a R. E. Carey como liquidador de la misma. Los fondos económicos y bibliográficos fueron traspasados al departamento de español del King's College London, que Wilson dirigía. El dinero fue aprovechado para ofertar unas becas que permitieran a los estudiantes de ese centro visitar España. Esta ayuda fue llamada The Anglo-Spanish Society Grant.[86]

¿Por qué desapareció esta asociación? Aunque es difícil responder a esta pregunta, se pueden señalar algunos elementos que debieron de influir en la decisión. Tal vez, la causa principal fue que la sociedad había dejado de cumplir su función desde hacía años. La Anglo-Spanish Society fue creada para responder a las necesidades coyunturales del periodo bélico. Si bien había continuado su actividad más allá de la guerra, su misión se difuminó al final de la época post-victoriana. Más todavía, nuevas institu-ciones habían sido creadas para influir en la opinión pública de países como

---

85 King's College London, *Calendar for 1946–1947* (Londres, Richard Clay and Company, 1946), 99. Edward Wilson fue propuesto como miembro de la Anglo-Spanish Society por el propio Henry Thomas. Podemos consultar su inscripción en la página 24 del libro de socios que se conserva en el AASS. Edward Meryon Wilson (1906–1977) fue un renombrado hispanista de mediados de siglo XX. Había estudiado inglés y español en el Trinity College de Cambridge, donde se graduó en 1928. Aunque su intención inicial era convertirse en pastor anglicano, cambió sus planes. En 1933, comenzó su carrera docente en el departamento de español de la Universidad de Cambridge. En 1945 pasó a ejercer de Cervantes Professor en el King's College London. Al morir su maestro, John Brande Trend, en 1953, volvió a Cambridge para sustituirle como catedrático y director del departamento de español. Véase: R. O. Jones, "Edward M. Wilson", *Studies in Spanish Literature of the Golden Age presented to Edward M. Wilson*, (London, Tamesis Book Limited, 1973), 1–2.

86 *Special Resolutions of Anglo-Spanish Society (Members' voluntary winding up). Passed the 25th day of March, 1947.* ULKCA: KAS/AC2/F354.

España. En 1934, se fundó el British Council, que abrió una sede en Madrid en 1940 y otra en Barcelona tres años más tarde. Al mismo tiempo, las relaciones culturales con América Latina pasaron a ser desarrolladas por el Hispanic and Luso-Brazilian Council, que fue establecido en la Canning House de Londres en 1943, y un año antes fue creada la British Mexican Society. En definitiva, esta disolución tenía su lógica dentro del contexto del momento.[87]

El contexto político tampoco era propicio para el desarrollo de las relaciones culturales hispano-británicas. La dictadura que Francisco Franco había establecido en 1939 en España dio muestras evidentes de su germanofilia durante la Segunda Guerra Mundial. Al final de este conflicto bélico, el régimen franquista sufrió un aislamiento internacional que enrareció sus contactos con el resto de países europeos, incluido el Reino Unido.

Por si esto fuera poco, las campañas que la Anglo-Spanish Society había realizado en pos de la enseñanza del español en escuelas y universidades dejaban de tener tanto sentido. Un gran número de centros educativos ya incluían en su oferta educativa clases de este idioma, de portugués, de estudios sobre América Latina e incluso de catalán. Aunque todavía quedaba mucho por hacer, estaba emergiendo una comunidad de hispanistas que promovían la docencia del español mediante sus propias asociaciones.

Por su parte, las filiales habían tomado una senda de independencia con respecto a la de Londres o simplemente habían desaparecido. El núcleo londinense dejó de cumplir la misión de coordinación, que había tenido para el conjunto de las organizaciones dedicadas a promover las relaciones hispano-británicas. De hecho, su disolución no afectó al resto de agrupaciones. Por ejemplo, la Cambridge University Spanish Society sobrevivió a la guerra y continuó su labor, que realizaba con total autonomía desde hacía tiempo.

En resumen, las funciones de la Anglo-Spanish Society fueron reduciéndose hasta desfigurar su misión. La actividad intermitente que realizó en el periodo de entreguerras fue el preludio de su definitivo estancamiento y supresión en la década de 1940. Sin embargo, este final era un punto y seguido. En 1950, sólo tres años más tarde de su desaparición, la sociedad renacía de sus cenizas, gracias a unos promotores que cambiaron el rumbo de la organización para favorecer su continuidad y actualizar sus objetivos a la realidad del momento.

---

87 Walter Starkie, "The British Council in Spain", *Bulletin of Spanish Studies*, XXV/100 (octubre de 1948), 270.

# 4

# La reorganización

## La Liga de la Amistad (1950–1958)

Después de la Segunda Guerra Mundial, las relaciones hispano-británicas no pasaban por su mejor momento. A pesar de su teórica neutralidad, la España de Franco había respaldado al ejército alemán mediante el envío de la División Azul y se había alineado ideológicamente con el Estado fascista italiano. De ahí que la victoria de los aliados en 1945 condenara al régimen dictatorial español a un aislamiento diplomático que era claramente perjudicial para su futuro. En 1946, los gobiernos de Francia, de los Estados Unidos y del Reino Unido certificaban que España no podía ingresar en la ONU, dando lugar a un bloqueo internacional que sólo comenzó a romperse a principios de la década de 1950.[88]

Hasta que se produjo el ingreso de España en las Naciones Unidas en 1955 y desde antes del final de la Segunda Guerra Mundial, la estrategia de Franco estuvo centrada en alejarse del apoyo dado a Hitler, lo que llevó a Ramón Serrano Suñer y a otros camisas azules del régimen a desaparecer de la primera línea política. En el contexto de bloqueo diplomático que España atravesaba, el gobierno franquista estuvo muy interesado en apoyar a cualquier institución que contribuyera a cambiar su dramática posición internacional en el periodo posbélico. Huelga decir que los intentos de reorganización de la Anglo-Spanish Society, cuya mediación era más necesaria que nunca, fueron muy bien vistos por las autoridades españolas.

Así fue. En la inmediata posguerra, se constituyó una pequeña agrupación en Londres que fue conocida como "Friendship with Spain" y que trató de sustituir a la sociedad que Henry Thomas y Edward Wilson habían suprimido en 1947. Sin embargo, esta nueva organización también se disolvió y pasó el testigo a otra más duradera que comenzó a gestarse en 1950: The Anglo-Spanish League of Friendship (que si bien tenía diferente

---

88 Florentio Portero, *Franco Aislado. La cuestión española, 1945–1950*, (Madrid, Aguilar, 1989).

nombre, contaba con los mismos promotores). Aunque esta última asociación nacía con un espíritu independiente, acabó entrando en la órbita de
la Embajada de España en el Reino Unido. La diplomacia española creyó
que la Liga era un medio inmejorable para hacer propaganda del régimen
de Franco en territorio británico, pero estas intenciones chocaron con el
apoliticismo de sus fundadores. Desde un primer momento, fue complicado
mantener este compromiso con la imparcialidad, tal y como dejaba entrever
la formulación que los socios hicieron de este principio:

> La Liga no pretende ser una organización sectaria y política, pero la
> línea divisoria entre la política y el sentido común es a veces muy
> gruesa y a veces muy delgada.[89]

Esta institución fue promovida por un grupo de españoles que residían
en el Reino Unido, pero varios británicos que habían participado en las
relaciones diplomáticas con España también se involucraron activamente
en su creación. Algunos de los fundadores eran antiguos miembros de
la Foreign Office como, por ejemplo, Robert Hodgson, quien había sido
representante del gobierno de Londres ante el general Franco durante la
Guerra Civil Española. Años después de este servicio, Hodgson conservaba
intacto su interés por los contactos entre ambos países y, sin dudarlo, apoyó
a la nueva organización, de la cual fue vicepresidente por algún tiempo.[90]

Otra de las personas clave para la puesta en marcha de la Liga fue el
escocés John Balfour, quien se convirtió en embajador británico en Madrid
en 1951. Tras la relajación del bloqueo internacional que la ONU impuso
al régimen de Franco, este diplomático tuvo que asumir la difícil tarea de
devolver la normalidad a las relaciones hispano-británicas. La presencia de
Balfour entre los primeros socios es indicativa de la función que esta asociación cumplió en la lucha contra el aislamiento de España, que Washington
y Londres comenzaron a romper a principios de los años 50.[91]

89 "Editorial note", *The Quarterly Journal of the Anglo-Spanish League of Friendship*,
1 (agosto de 1951), 1.

90 *The Anglo-Spanish League of Friendship. Quarterly Journal*, 22 (octubre–diciembre
de 1956), 2. Véase también: "Inquest Verdict on Sir R. Hodgson", *The Times*, 23
octubre, 1956.

91 El nombre de John Balfour aparece en el listado de miembros que fue publicado
como: "List of Members of the League", *The Quarterly Journal of the Anglo-Spanish
League of Friendship*, 25 (julio–septiembre 1957), 26–27. John Balfour (1894–1983)
estudió en Eton y en la Universidad de Oxford. Tras la Gran Guerra, entró en el
cuerpo diplomático británico, siendo destinado a las delegaciones de Budapest, Sofía,
Belgrado, Madrid y Washington. A finales de la década de 1930, fue nombrado jefe del
departamento para Norteamérica de la Foreign Office, pero en 1941 fue enviado como

Entre los españoles que participaron en la fundación de la Liga cabría destacar a una de las hijas del doctor Gregorio Marañón: Mabel Marañón Moya. Esta madrileña creó distintos organismos de carácter caritativo en el Reino Unido, tales como el Spanish Welfare Fund o el Hogar Español, para ayudar a los emigrantes españoles. Su matrimonio con el periodista Tom Burns, quien había servido en la Embajada británica en Madrid durante la Segunda Guerra Mundial, la llevó a intervenir oficiosamente en las relaciones hispano-británicas. Ambos fueron consultados por los diplomáticos españoles que llegaban a la capital inglesa y ella participó en algunas reuniones bilaterales en calidad de consejera. Algún tiempo más tarde, esta mujer resumió con sencillez la importante labor que realizó:

> Sabiendo y sin saber, hice lo que me pidieron. Peticiones de la BBC, de la Anglo-Spanish Society, cualquier cosa, con tiempo y sin él, lo hice. Lo que te pidan en nombre de España, hazlo.[92]

La naturaleza informal de su implicación en los asuntos diplomáticos ha llevado a algunos autores a describir a Mabel Marañón como una "embajadora extraoficial de España en Londres". A pesar de no ocupar ningún cargo en ninguna estructura gubernamental, su concurso fue fundamental para poner en marcha la Liga de la Amistad. En concreto, se encargó de conseguir el dinero necesario entre sus conocidos españoles para dotar económicamente a la nueva asociación. Gracias a sus esfuerzos, 1.500 libras fueron recaudadas en muy poco tiempo. Con estos fondos

---

"Minister" a la Embajada de Lisboa. De allí pasó a Moscú en 1943 y a Washington tras la Segunda Guerra Mundial. En 1948 fue designado embajador en Buenos Aires, pasando a desempeñar ese mismo cargo en Madrid entre 1951 y 1954. Balfour fue el primer embajador británico en España tras el bloqueo internacional que sufrió el régimen de Franco. Después de ocupar este último puesto, se retiró, pero siguió participando en las relaciones hispano-británicas. Véase: "Sir John Balfour", *The Times,* 28 febrero, 1983, 12.

92 Josefina Navarro, "Recollections of a Kind Mother figure. Interview with Mabel Marañón", *Anglo-Spanish Society Quarterly Review,* 191 (verano 2001), 22–24. Véase también: Gregorio Marañón, "Mabel Marañón", *El País,* 19 de julio, 2008: http://elpais.com/diario/2008/07/19/necrologicas/1216418401_850215.html Según explicó su hijo, la casa que los Burns tenían en Londres se convirtió en un lugar de reunión para británicos y españoles de todas las profesiones y de diferente índole política (tanto franquistas como exiliados). Mabel Marañón Moya (1918–2008) llegó a tener una entrevista con Franco en Madrid y consiguió que el dictador proporcionara fondos para la emigración española en Londres. Por su parte, Tom Burns recurrió a sus contactos en la Foreign Office y a sus amigos del influyente grupo de The Garrick Club para fortalecer las relaciones entre Madrid y Londres.

se costearon los gastos que el funcionamiento de la organización acarreó durante sus primeros años. Además de esta pecunia, la sociedad recibió el apoyo de dos firmas comerciales, que proporcionaron asistencia tanto administrativa como logística. Entre otras cosas, facilitaron unos locales en el nº 1 de la londinense Temple Avenue, donde la oficina de esta institución fue establecida.[93]

Con esos apoyos, la Liga quedó oficialmente constituida en mayo de 1951. Sus miembros redactaron una ambiciosa lista de fines que pretendía fijar unas líneas de actuación generales para mejorar las relaciones culturales hispano-británicas. Aunque compartió algunos de los objetivos que había tenido la Anglo-Spanish Society, abandonó cualquier referencia a la cultura hispanoamericana y al comercio con esos países. La nueva organización se centró en las relaciones entre España y el Reino Unido, y estuvo más cerca de los intereses de la diplomacia española que de la estrategia de la Foreign Office. La ausencia de Hispanoamérica estuvo dentro de una dinámica que apartaba a la antigua metrópoli de los contactos que sus ex colonias pudieran tener con otros países europeos.

La Liga funcionó de manera ligeramente diferente. Una de las novedades más destacadas fue la puesta en marcha de una publicación periódica, *The Quarterly Review*, que apareció en agosto de 1951 y que tenía como precedente el boletín que los miembros de "Friendship with Spain" editaron. La nueva revista estaba destinada principalmente a los socios, pero también constituía el órgano de expresión de la sociedad con respecto a un público más amplio. Su primer editorial sugería la intención de promocionar la cultura española entre los británicos:

> Esta revista es la sucesora de los boletines que recibían los simpatizantes de "Friendship with Spain"; cuyo movimiento ha sido disuelto y sustituido por esta Liga como órgano permanente para alentar por todos los medios un mejor conocimiento y comprensión de España y su gente.[94]

El primer director de la revista fue F. J. Hesketh-Williams, quien también ocupó la secretaría de la organización, desempeñando ambos cargos hasta

93 Jimmy Burns, *Papa Spy. Love, Faith and Betrayal in Wartime Spain* (London, Bloomsbury, 2009), 339. Véase también: Halliday Sutherland, "Statement by the Chairman", *The Anglo-Spanish League of Friendship. Quarterly Journal*, 21 (julio–septiembre 1956), 1–2.

94 "Editorial note", *The Quarterly Journal of the Anglo-Spanish League of Friendship*, 1 (agosto de 1951), 1. *Friendship with Spain* fue el primer boletín de la Liga y fue creado en agosto de 1950.

1956. Durante esos cinco años, fue dando forma a la publicación, que solía incluir noticias sobre las relaciones hispano-británicas, artículos sobre la cultura hispánica, información para españoles que llegaban al Reino Unido y referencias a las actividades de la asociación. Hesketh-Williams fue uno de los miembros más activos en este primer periodo y, de vez en cuando, se convirtió en portavoz de la Liga para aclarar diferentes asuntos sobre España que se trataban en la prensa inglesa. Por ejemplo, *The Times* recogió una misiva que este hispanófilo había escrito para responder a una carta de Ronald Russell que apareció en dicho periódico. Este último se había quejado de la pérdida de tiempo que acarreaba la compra de cupones para adquirir gasolina en territorio español al precio oficial de cambio. Hesketh-Williams reconoció que ese problema había existido, pero explicó que estos inconvenientes estaban desapareciendo.[95]

El primer presidente de la Liga fue Alexander Roger, quien, al igual que el secretario y editor, estuvo en el cargo entre 1951 y 1956. Roger era un importante empresario que había participado en otros proyectos para mejorar las relaciones hispano-británicas y tenía un perfil adecuado para ocupar el puesto más prominente de la asociación. Por encima de él, sólo estaba el embajador de España en Londres, que era el Presidente Honorífico de la sociedad. Con carácter anual, ambos dirigían la asamblea general en la que participaban todos los socios y que solía concluir con una charla. El 20 de noviembre de 1952, se celebró la primera de estas reuniones en la Canning House, que fue seguida de un discurso de S. G. Tschiffely sobre sus viajes por España. Al año siguiente, tuvo lugar el segundo de estos encuentros y en este caso el ponente fue el doctor Xavier de Salas, quien habló de los peregrinos que iban a Santiago de Compostela. Así comenzaba una tradición que hoy todavía perdura.[96]

95 Hesketh-Williams, "Petrol in Spain", *The Times,* 21 septiembre, 1951, 7. Esta misiva respondía a Ronald Russell, "Petrol in Spain", *The Times,* 15 septiembre, 1951, 5.
96 "News in Brief", *The Times,* 22 noviembre, 1952, 8. Véase también: "News in Brief", *The Times,* 1 diciembre, 1953, 10. Alexander Roger (1878–1961) estudió en el Robert Gordon's College de Aberdeen y con 18 años se trasladó a Londres, donde empezó a trabajar en el sector de la telefonía. Durante la Gran Guerra, colaboró con el servicio de municiones, siendo recompensado con el título de caballero. Desde 1918, fue directivo del British Insulated and Helsby Cables, compañía que presidió desde 1930. Tras las fusiones de distintas empresas telefónicas en 1945, fue nombrado presidente de British Insulated Callender's Cables. También intervino en otros sectores, siendo presidente delegado del Midland Bank. En 1954, se jubiló y pudo dedicar más tiempo a colaborar con distintas asociaciones. Roger fue un activo miembro del Hispanic and Luso-Brazilian Council o de la Anglo-Portuguese Society. Véase: "Sir Alexander Roger", *The Times,* 6 abril, 1961, 17.

The Anglo-Spanish League of Friendship estuvo en consonancia con la estrategia de la Embajada de España en Londres. Por aquel entonces, el embajador era Miguel Primo de Rivera y Sáenz de Heredia, hijo del dictador del mismo nombre y hermano del fundador de Falange Española. Como presidente honorífico de la Liga, no sólo presidió muchos de los actos que esta agrupación organizaba, sino que todo apunta a que trató de apoyarse en los socios para impulsar las relaciones entre ambos países. Por eso, invitó a Alexander Roger y a otros miembros de la asociación a algunas recepciones y encuentros que mantuvo con autoridades políticas británicas.[97]

Más allá de la función diplomática que pudiera cumplir, la Liga tenía una interesante vida interna que compaginaba actividades festivas con otras más intelectuales. Entre las más recreativas, había bailes de salón, cenas de gala y conciertos. Los asistentes eran los propios socios y, en ocasiones, también concurría el embajador español en la capital inglesa. Asimismo, la asociación promovió eventos con un mayor contenido cultural, como las conferencias que seguían a las reuniones generales. Gracias a la colaboración con el Hispanic Council, los miembros de la Liga podían acceder al préstamo de una gran colección de libros de literatura española. A su vez, la revista fue incluyendo cada vez más artículos sobre aspectos históricos, geográficos o literarios de España. Eso sí, siempre se hizo hincapié en la necesidad de evitar tendencias políticas en los actos y publicaciones de la institución.[98]

Como sucedió en la Anglo-Spanish Society, varios socios de la Liga pertenecían al mundo educativo y facilitaron la organización de eventos culturales. Además, los responsables de la asociación respaldaron aquellos proyectos pedagógicos que tenían como objetivo la promoción de la cultura en español. En este sentido, la doctora Mary M. Couper, que era uno de los miembros más destacados, fue muy activa en la difusión de la enseñanza de la lengua española en Escocia.[99]

Si bien la Liga desarrolló sus estructuras rápidamente, sus primeros años de vida fueron muy complicados. El 23 de abril de 1956, se celebró una asamblea que fue crucial para su futuro. En esta reunión extraordinaria, el comité ejecutivo, con Alexander Roger a la cabeza, propuso la disolución de la sociedad por razones económicas. El entonces presidente explicó que

97 A una recepción que el embajador español en Londres dio en honor del entonces gobernador de Gibraltar, Gordon MacMillan, asistieron miembros de la Liga. Véase: "Reception", *The Times,* 9 mayo, 1952, 8.

98 *The Quarterly Journal of the Anglo-Spanish League of Friendship,* 4 (julio–septiembre 1952), 1 y siguientes.

99 "Obituary", *Anglo-Spanish Society Quarterly Review,* 112 (Primavera 1980), 18.

las compañías que habían cedido las instalaciones retirarían esa ayuda en
junio. Tampoco quedaba nada del fondo de 1.500 libras que se reunió
para la fundación. Por si fuera poco, el descenso en el número de socios
era espectacular, de 608 miembros en el curso de 1953–1954 a 385 en el de
1955–1956. Todos estos contratiempos hacían inviable la organización.[100]

A pesar de esta desastrosa situación financiera, un nutrido grupo de
miembros apostó por seguir desarrollando el proyecto y forzaron una
votación para decidir el futuro de la Liga. El resultado de esa consulta fue
de 196 a favor de la continuidad frente a los 105 que querían la disolución.
Ante este desenlace, la junta directiva dimitió en bloque. El conocido
médico Halliday Sutherland fue nombrado presidente de la institución,
Peter C. Jackson era elegido director de la revista y Nan Baxter ocupó el
cargo de secretaria honorífica.[101]

La nueva ejecutiva no perdió el tiempo y procedió a realizar una auditoría
de las cuentas, que inmediatamente apareció publicada en la revista. Para
sanear la situación financiera, se tomaron diferentes medidas. Además de
subir las cuotas a los socios, se proyectaron actividades que aportaban algún
beneficio económico. La más destacada de ellas fue la Anglo-Spanish Ball,
que se celebró por primera vez en 1957. El éxito de este evento hizo que se
repitiera anualmente y que acabara convirtiéndose en una de las principales
fuentes de ingresos de la sociedad. En realidad, este acto consistía en una
cena-fiesta que congregaba a un importante número de personas cercanas

---

100 Halliday Sutherland, "Statement by the Chairman", *The Anglo-Spanish League
of Friendship. Quarterly Journal*, 21 (julio–septiembre 1956), 1–2.

101 Halliday Gibson Sutherland (1882–1960) procedía de una familia asentada en
Escocia. Estudió en el Glasgow High School y en el Merchiston Castle School. Desde
muy joven, escribió ensayos y relatos, ganando el Sir Walter Scott prize. Lejos de
dedicarse a la literatura, estudió Medicina en las universidades de Aberdeen, Dublín y
Edimburgo. Al terminar su carrera, viajó a España, donde hizo prácticas como asistente
y aprendió a torear. Volvió a Gran Bretaña para trabajar en distintos centros de salud.
Entre 1911 y 1914, fue oficial médico en el St. Marylebone Tuberculosis Dispensary.
Al estallar la Gran Guerra, sirvió en un crucero mercante armado y en la aviación
británica. Después del conflicto, retomó su profesión, siendo designado representante
delegado de los servicios médicos para casos de tuberculosis en el suroeste de Inglaterra
y en Gales en 1920. En los años siguientes, ocupó cargos relacionados con el estudio y
tratamiento de la tuberculosis. Mantuvo su interés por la cultura española, llegando a
convertirse a la religión católica y romana. Además, escribió un gran número de obras
literarias, médicas o de viajes. En 1933, publicó su mayor éxito: *The Arches of the Years*.
Véase: "Dr Halliday Sutherland", *The Times*, 20 abril, 1960, 15; "Obituary. Halliday
G. Sutherland, M. D.", *British Medical Journal* (30 de abril de 1960), 1368–1369; y
Halliday Sutherland, "Statement by the Chairman", *The Anglo Spanish League of
Friendship. Quarterly Journal*, 21 (julio-septiembre 1956), 1–2.

a la asociación en un hotel londinense. Aparte de discursos, en este tipo de festejos fueron tradicionales las rifas y los bailes.[102]

La directiva fue más allá de la solución de los problemas económicos y procedió a la reorganización de la Liga. Se encargó a un miembro del consejo ejecutivo, Edward Palmer, otra redacción de los objetivos de la asociación. El escrito resultante volvió a proclamar la imparcialidad política, pero no pudo ocular el sesgo ideológico que la institución fue adquiriendo para responder a la estrategia de la diplomacia española en Londrcs. Había que trasladar una buena imagen de España que ayudara a romper su aislamiento en Europa y se pensaba que un acercamiento a las autoridades británicas podía facilitar este proceso de apertura. De acuerdo con estos intereses, el nuevo presidente emprendió una campaña de propaganda del régimen franquista en el Reino Unido. Así, organizó tres charlas para justificar el golpe de Estado de julio de 1936. Sutherland dejó muy claros los fines que perseguía con estos actos:

> En estas reuniones he tratado de disipar una creencia que predomina en Gran Bretaña y según la cual Franco organizó una rebelión militar contra un gobierno constituido legítimamente. Esto es bastante erróneo.[103]

Cerca de 200 personas asistieron a estas tres sesiones, en las que se minimizó la buena relación que el régimen franquista y la Alemania nazi mantuvieron, y se recalcó que los aliados se habían beneficiado de la neutralidad española durante la Segunda Guerra Mundial. Para restar importancia al respaldo que Franco dispensó a Hitler en ese conflicto, el ponente comparó los encuentros que el dictador español y Neville Chamberlain tuvieron con el Führer:

> La segunda ilusión que he mencionado es que durante la Segunda Guerra Mundial el general Franco apoyó a Alemania. Nuestro propio primer ministro, Neville Chamberlain, tuvo que volar a Alemania a ver a Hitler. Pero para ver a Franco, Hitler tuvo que cruzar Europa en un tren blindado a Hendaya. Franco sólo cruzó el paso internacional de Irún a Hendaya. Su encuentro duró ocho horas. Después de eso, Hitler dijo que preferiría sacarse los dientes que tener otra entrevista con el general Franco.[104]

---

102  AASS.
103  Halliday Sutherland, "Statement by the Chairman", *The Anglo-Spanish League of Friendship. Quarterly Journal*, 22 (octubre–diciembre 1956), 7–8.
104  Halliday Sutherland, "Statement by the Chairman", *The Anglo-Spanish League*

Más allá del trillado mito de la entrevista de Hendaya, esta defensa del régimen franquista estaba en consonancia con los intereses de la diplomacia española, que alentó la politización de la Liga durante un corto periodo. El discurso ideológico también estuvo presente en la revista de la asociación, que publicó obituarios de personalidades que habían mostrado su apoyo incondicional a Franco. En 1957, la muerte de Roy Campbell, quien respaldó la dictadura en España, suscitó que *The Quarterly Journal* recogiera una semblanza de este poeta sudafricano. Esta pequeña biografía contenía afirmaciones como la siguiente:

> El gran público británico, amable y crédulo, se está dando cuenta de que en la Guerra Civil Española Franco no luchaba contra la democracia sino contra el comunismo ruso.[105]

La revista también publicó extractos de artículos que perseguían dar una imagen amable de la dictadura y denunciar el bloqueo internacional que había sufrido después de la Segunda Guerra Mundial. Un texto que apareció bajo el título "Spain revisited" criticaba el injusto trato que España había recibido por parte de las Naciones Unidas en 1946. Además, y para ahuyentar posibles prejuicios, se informaba sobre algunos supuestos logros económicos para demostrar el desarrollo alcanzado por la sociedad española bajo el poder de Franco.[106]

En definitiva, esta campaña propagandística intentaba acabar con la imagen negativa que los británicos tenían del régimen franquista. Según explicaba uno de los editoriales de la revista, estos prejuicios tenían su origen en la ignorancia y en la contaminación de aquellos que querían menoscabar el buen nombre del país.[107]

---

of Friendship. *Quarterly Journal*, 22 (octubre–diciembre 1956), 7–8. Desde 1945, se fue conformando el mito de Hendaya, que afirmaba que Franco salió airoso de esa reunión, obteniendo unos supuestos beneficios para España. La historiografía especializa ha puesto de manifiesto que aquel encuentro fue favorable para los alemanes, quienes consiguieron comprometer la entrada de España en la Segunda Guerra Mundial, a través de un acuerdo secreto que se estableció en Hendaya. Aunque finalmente el régimen franquista limitó su colaboración a la División Azul, Franco no consiguió colmar sus pretensiones territoriales, que incluían posesiones en Francia y en África. Véase: Alberto Reig Tapia, "El mito de Hendaya", *Temas para el debate*, 147 (2007), 37–39.

105 "Roy Campbell", *The Anglo-Spanish League of Friendship. Quarterly Journal*, 24 (abril–junio 1957), 4–5.

106 F. A. V., "Spain Revisited", *The Anglo-Spanish League of Friendship, Quarterly Journal*, 24 (abril–junio 1957), 25–27.

107 "Editorial", *The Anglo-Spanish League of Friendship, Quarterly Journal*, 25 (julio–septiembre 1957), 3.

Lejos de lo que se quería conseguir, esta campaña de la Liga sólo generó rechazo en la sociedad británica. Esa oposición se manifestó después del discurso que Sutherland pronunció en la primera celebración de la Anglo-Spanish Ball. El panegírico que hizo sobre el franquismo en ese evento desencadenó una polémica en la prensa londinense. El suceso tuvo mayor repercusión de la esperada, porque la alocución fue atribuida al embajador español en Londres, Miguel Primo de Rivera. Ante esta insinuación, el presidente de la asociación reclamó la autoría de la perorata, a través de una carta que fue publicada en *The London Evening Standard* el 16 de noviembre de 1957.[108]

Todo apunta a que esta polémica estuvo relacionada con la renuncia de Sutherland, quien a principios de 1958 dimitió y pasó a ocupar una de las vicepresidencias. El elegido para sustituirle fue John Balfour, quien había sido el primer embajador británico en Madrid tras el bloqueo internacional que sufrió la dictadura española. Esta renovación se completó con el nombramiento de José Fernández Villaverde, Marqués de Santa Cruz, como embajador de España en Londres. El nuevo inquilino de la Embajada se había formado en Inglaterra y tenía una gran experiencia diplomática. A pesar de que siguió la línea marcada por el régimen de Franco y tuvo que afrontar las sempiternas disputas por Gibraltar, sus cualidades y su conocimiento de la cultura británica facilitaron el acercamiento de ambos países.[109]

---

108 *The Anglo-Spanish League of Friendship, Quarterly Journal*, 26 (octubre–diciembre 1957).

109 *The Anglo-Spanish League of Friendship, Quarterly Journal*, 27 (enero–marzo 1958), 2. José Fernández Villaverde y Roca de Togores (1902–1988) estudió en la Universidad de Madrid y en el New College de Oxford. Ingresó en el cuerpo diplomático español en 1921. Desde entonces, desempeñó distintos cargos en Copenhague, La Haya, Londres y el Cairo. Su puesto más relevante fue el de embajador de España en Londres, el cual ocupó entre 1958 y 1972. Pepe Santa Cruz, como fue conocido, defendió públicamente a Franco frente a las críticas que distintos sectores de la sociedad británica proferían contra el dictador. Para ello, envió varias cartas a los periódicos ingleses. También tuvo que lidiar con la escalada de tensión que se produjo en Gibraltar en 1969. Sin embargo, no pudo conseguir que Franco fuera invitado en visita oficial al Reino Unido. Tanto la reina Isabel II como el primer ministro británico dieron un par de banquetes en su honor, cuando dejó de ser embajador. Si bien era Marqués de Pozo Rubio y Grande de España, fue conocido como el Marqués de Santa Cruz, título que ostentaba por haber contraído matrimonio con: Casilda de Silva y Fernández. Véase: "Marquis of Santa Cruz", *The Times,* 17 junio, 1988, 20.

# 5

# De vuelta a su origen

## La nueva Anglo-Spanish Society

L os cambios que se produjeron al frente tanto de la Embajada española en Londres como de la Liga de la Amistad marcaron el inicio de una nueva época en la historia de la asociación. El recién nombrado presidente, John Balfour, planteó una reorganización de la institución para recuperar algunos de sus principios originales, asegurar su estabilidad financiera y limitar su campo de acción a actividades culturales y educativas.

Para ello, convocó una asamblea general que se celebró en el Challoner Club, una agrupación de hombres católicos que había Londres, el 28 de mayo de 1958. Este encuentro fue presidido por Edward Palmer, ya que Balfour estaba fuera del país. Durante la sesión, se alcanzaron varios acuerdos importantes. El primero de ellos consistía en subir las cuotas a todos los socios. A pesar de que se habían recaudado 1.220 libras en la Ball de 1957, los elevados costes de *The Quarterly Journal* obligaban a adoptar esta medida. La segunda decisión relevante fue la elección de los integrantes del comité ejecutivo, que incluyó a antiguos miembros del mismo y a nuevas caras. Por último, se cambiaron algunos puntos en la constitución de la Liga, la cual, a partir de entonces, pasó a llamarse The Anglo-Spanish Society. De esta forma, se recuperaba parte de la denominación originaria, ya que se suprimía la coletilla de "of the British Empire and Spanish-speaking countries".[110]

Esta reunión garantizó la continuidad de la sociedad y perfiló el nuevo camino que iba a emprender. En esta etapa, la asociación abandonó cualquier rasgo ideológico y se centró en promover el conocimiento del

---

110 El Comité ejecutivo quedó formado por: Edward Palmer, Paul G. Suárez, Charles Williams, D. McWilliam Morton, R. A. F. Williams, Mrs. D. Wyndham Lewis, Mrs. Arnold y F. Meredith Richards. Podemos encontrar el acta de la reunión en AASS. Véase: *The Anglo-Spanish League of Friendship, Quarterly Journal*, 28 (abril–junio 1958), 2–3.

John Balfour (1894–1983)
fue el primer embajador
británico en Madrid
después del bloqueo
internacional y presidente
de la sociedad en dos
ocasiones.

Foto por Walter Stoneman
(September 1948) y cedida
por National Portrait
Gallery, London ©.

idioma y de la cultura españolas en el Reino Unido. *The Quarterly Journal* puso de manifiesto este viraje y empezó a prestar más atención a temas culturales. Su editor requirió la colaboración de eminentes hispanistas británicos, como la del catedrático Alexander Augustine Parker, quien publicó algún artículo en la revista. También se intensificó la relación con otras organizaciones bilaterales como The Anglo-Catalan Society, que había sido fundada en 1954 y tenía una vocación educativa muy marcada.[111]

En apenas dos años, la directiva de la Anglo-Spanish Society consiguió consolidar la organización, dejando atrás el periodo de inestabilidad anterior. Una vez reformada, Balfour decidió dimitir y en 1959 fue sustituido por el aristócrata Rowland Denys Guy Winn, quien era conocido como Lord St Oswald. El nuevo presidente había sido corresponsal

111 Alexander Parker, "Henry VIII through Spanish eyes", *The Anglo-Spanish Society Quarterly Journal*, 29 (julio–septiembre 1958), 6–10. Véase también: *The Anglo-Spanish League of Friendship, Quarterly Journal*, 27 (enero–marzo 1958), 23.

del *Daily Telegraph* durante la Guerra Civil Española, llegando a ser arrestado en Madrid y condenado a muerte. Después de salir airoso de esta traumática experiencia, continuó pasando largas temporadas en Andalucía.[112]

Además de este vínculo con España, su pertenencia al partido conservador británico le convertía en un posible mediador entre ambos gobiernos. Por aquel entonces, el primer ministro del Reino Unido era un miembro de esa formación política: Maurice Harold Macmillan. Así que Winn parecía el hombre ideal para asumir la presidencia de la Anglo-Spanish Society. En la primera carta que remitió a los socios el 25 de marzo de 1959, les animaba a aumentar el número de actividades y de miembros:

> Con toda seguridad, nuestra sociedad tiene un papel impresionante que desempeñar en las relaciones entre dos grandes países, y espero que todos quienes estén dedicados al objetivo de fortalecer una amistad histórica e instintiva se unan a nosotros en cuerpo y alma con toda su energía.[113]

La posición política del nuevo presidente no conllevó la parcialidad ideológica de la institución, que reafirmó sistemáticamente su independencia. Aunque es innegable que muchos de sus miembros pertenecían a sectores conservadores, esta característica influyó poco en su funcionamiento diario. Las creencias religiosas quedaron también al margen. A pesar de que algunos socios eran católicos, la asociación se limitó a celebrar algunas festividades cristianas como la Navidad.

Lord St Oswald impulsó la asociación echando mano de aquello que le era más familiar. Por un lado, su relación con la zona de Yorkshire facilitó la configuración de la sede de la Anglo-Spanish Society en el norte de Inglaterra. Como hemos anticipado, la Northern Branch fue establecida

---

112 Rowland Denys Guy Winn (1916–1984) era hijo del tercer barón de St Oswald. Fue educado en Stowe y más tarde en las universidades de Bonn y Friburgo. En 1935, viajó a España para trabajar de corresponsal para Reuters. Al empezar la Guerra Civil, cubrió el conflicto para *The Daily Telegraph*. Sin embargo, fue arrestado por los republicanos y pasó varias semanas en una prisión de Barcelona, antes de ser liberado. Tras un merecido descanso, fue corresponsal en los Balcanes, pero, en 1939, se alistó en el ejército y luchó en la Segunda Guerra Mundial, obteniendo diferentes condecoraciones. Entre 1946 y 1950, vivió en Algeciras y poco después fue a la guerra de Corea. Entre 1959 y 1962, fue Lord-in-Waiting y sirvió en el ministerio de agricultura entre 1962 y 1964. En 1973, fue miembro del primer parlamento europeo. Véase "Lord St Oswald", *The Times*, 21 diciembre, 1984, 16.

113 Lord St Oswald, "Letter from the Chairman", *The Anglo-Spanish Society. Quarterly review*, 31 (enero–marzo 1959), 2.

en Leeds y Florence Doyle-Davidson estuvo al frente de la misma durante algún tiempo. Por el otro, sus contactos con las esferas políticas del país permitieron a varios miembros de la asociación ejercer de anfitriones de algunas personalidades españolas que visitaron el Reino Unido en ese periodo.[114]

Durante la presidencia de Lord St Oswald, la Anglo-Spanish Society fijó su residencia en los locales que The Spanish Club tenía en el número 5 de la londinense Cavendish Square, en donde había estado la asociación originaria antes de la Segunda Guerra Mundial. Después de ese conflicto, la organización había sido alojada de forma interina en este espacio, pero sólo a partir de 1959 formalizó su situación y abrió unas oficinas en ese edificio, que se convirtió en el centro neurálgico de los españoles en Londres.[115]

La nueva sede de la Anglo-Spanish Society era el escenario de las actividades que sus socios programaban. En esta época, se organizaron veladas musicales, pases de películas como *Bienvenido Mr. Marshall* de Berlanga y charlas sobre distintos aspectos de la cultura española. Muchas de esas conferencias ayudaban a los británicos a acercarse a las manifestaciones culturales hispánicas sin necesidad de viajar a España. En 1960, por ejemplo, Charles Johnson habló sobre las pinturas españolas que se conservaban en la National Gallery.[116]

Aparte de estos actos, la dirección de la sociedad afrontó los problemas de gestión que fueron surgiendo. Para hacer la institución más viable, Lord St Oswald ideó una campaña que aspiraba a aumentar el número de socios, que fue una de sus mayores obsesiones. Con el consentimiento de la Embajada española, redactó un mensaje para los británicos que veraneaban en España. Su intención era recomendar a estos turistas que se involucraran en la asociación para poder mantener el contacto con la cultura de su destino vacacional.[117]

Eran los años 60 y el turismo ya era una de las actividades más importantes para la economía española. Cada vez más británicos llegaban

---

114 Cuando en 1962 un grupo de funcionarios y políticos españoles visitaron Londres para informarse sobre medidas sanitarias y de administración local, Oswald ofreció un almuerzo en su honor "en la Cámara de los Lores, estando presentes algunos miembros de la Anglo-Spanish Society". Véase: "La visita a Inglaterra de ilustres personalidades españolas", *La Vanguardia,* 29 junio, 1962, 16.

115 Lord St Oswald, "Editorial", *The Anglo-Spanish Society. Quarterly review,* 34 (octubre–diciembre 1959), 2–4.

116 "Activities of the Society", *The Anglo-Spanish Society. Quarterly review,* 34 (octubre–diciembre 1959), 6.

117 Lord St Oswald, "Editorial", *The Anglo-Spanish Society. Quarterly review,* 34 (octubre–diciembre 1959), 2–4.

a las costas de la Península Ibérica en busca de sol y playa. Según cálculos gubernamentales, en 1956 una sexta parte de los tres millones de extranjeros que visitaban España procedía del Reino Unido. Era un mercado a tener en cuenta y las autoridades españolas implicaron a la Anglo-Spanish Society en la promoción turística del país. La revista de la asociación se volcó en esta campaña publicitaria.[118]

Así, se potenció *The Quarterly Journal*, que llegó a ser una de las principales actividades de la institución. Esta revista tenía una tirada de 1.000 ejemplares, los cuales la convertían en un medio importante de propaganda. Algo más de un tercio de ese millar era enviado a los socios que estaban suscritos y el resto se distribuía entre diferentes sectores de la sociedad británica. Muchos artículos estaban dedicados a exponer las virtudes de ciudades, regiones y rincones pintorescos de España. Algunas fotografías de los lugares aludidos solían acompañar a estas descripciones, que parecían responder a un intento de promoción turística poco disimulado. Entre sus páginas, era fácil encontrar anuncios de aerolíneas (como The Bristol Aeroplane Company) y de agencias relacionadas con los viajes.

Además de ser un gran negocio, el turismo era un medio inmejorable para trasladar una buena imagen de España y de su régimen político. Desde tiempos de la Liga, la diplomacia española defendió esta idea, que apareció reflejada en *The Quarterly Journal*:

> Así, el turismo está ayudando a romper las barreras de la ignorancia y el prejuicio que existen en lo que respecta a España. Las bellezas de la costa vasca o de la Costa Brava, en la zona mediterránea, atraen al británico moderno, quien encuentra que sus viejas ideas de España están fantásticamente alejadas de la realidad.[119]

Ahora bien, esta revista no era un folleto de una agencia de viajes. También publicaba artículos sobre escritores españoles (como Baroja o Menéndez Pelayo), reseñas de libros, mensajes del presidente de la asociación, información para los miembros, noticias, descripciones del arte peninsular, contactos para los españoles que llegaban a territorio británico, etcétera. En el número cincuenta de *The Quarterly Journal*, el Marqués de Santa Cruz, que era el embajador de España en Londres desde 1958, describió su contenido de la siguiente manera:

---

118 "Three Million Tourists", *The Anglo-Spanish League of Friendship, Quarterly Journal*, 21 (julio–septiembre 1956), 23.

119 "Editorial", *The Anglo-Spanish League of Friendship, Quarterly Journal*, 25 (julio–septiembre 1957), 3.

Leo siempre con mucho interés los números de la revista de la "Anglo-Spanish Society", en los que se da cuenta de las actividades de esta benemérita Sociedad y se publican artículos valiosos sobre múltiples aspectos de España y de sus relaciones con el Reino Unido. Veo reflejados en ellos algunos de los viajes que nuestros amigos británicos realizan por España (…). La revista dedica también sus páginas de vez en cuando al comercio entre España y el Reino Unido...[120]

En 1957, Peter Jackson había dejado de estar al frente de esta publicación. Su sustituta fue una mujer que se dedicaba profesionalmente al mundo editorial, M. O'Connor. La nueva directora introdujo pequeños cambios que mejoraron sensiblemente la revista. Entre otras cosas, creó una sección para que la organización pudiera informar a lectores y socios sobre diferentes proyectos corporativos. El progreso que *The Quarterly Journal* experimentó a finales de los 50 continuó gracias al esfuerzo de Thomas Arthur Layton, quien asumió el mando de este boletín entre 1960 y 1986, mostrando su pasión por el vino y otros aspectos de la cultura española.[121]

No sólo hubo cambios en la revista, sino también en la dirección de la asociación. En 1961, Lord St Oswald fue sustituido por John Balfour, quien volvió a tomar las riendas. En esta segunda etapa, el ex diplomático supo involucrar a muchos de los antiguos socios en las actividades de la sociedad. A partir de entonces, Mabel Marañón, que había estado en un segundo plano en épocas anteriores, participó en numerosos eventos. Balfour también consiguió que destacadas personalidades españolas respaldaran a la institución. Nada menos que el nonagenario Ramón Menéndez Pidal aceptó una de las presidencias de honor en 1963.

Durante estos años, la asociación desarrolló una relevante labor educativa que incluyó la concesión de becas, así como la celebración de charlas y cursos específicos. A través de algunos premios, se ayudó a varios estudiantes británicos a acercarse a la cultura española. La tarea pedagógica de la sociedad tuvo su reflejo en el día a día. Mabel Marañón y M. S. Stewart se encargaron de una serie de tertulias y reuniones de conversación que tuvieron lugar periódicamente y que fueron muy

---

120 Marqués de Santa Cruz, "A message from the Spanish Ambassador", *The Anglo-Spanish Society Quarterly Review*, 50 (enero–marzo 1964), 2.

121 "Editorial", *The Anglo-Spanish League of Friendship. Quarterly Journal*, 24 (abril–junio 1957), 3. Citado en "The Anglo-Spanish Society. Past Officers", AASS. Véase una semblanza de Layton en "New Editor", *The Anglo-Spanish Society Quarterly Review*, 38 (octubre–diciembre 1960), 3.

concurridas. Estas actividades fueron completadas con distintas ponencias sobre temas relativos a España.[122]

Los socios también pusieron en marcha acciones caritativas y solidarias. Cabría destacar que la asociación contribuyó activamente en la organización de una colecta de dinero para paliar los daños que habían sufrido distintas poblaciones catalanas en las inundaciones de septiembre de 1962. Aquella tragedia causó la muerte a casi un millar de personas. La campaña que emprendieron la Anglo-Spanish Society y el Spanish Club consiguió recaudar la nada despreciable cifra de 22.000 libras, que fueron empleadas para atender las necesidades de los damnificados.[123]

Además, los responsables de la asociación quisieron mantener buenas relaciones con otras corporaciones hispano-británicas que operaban en el Reino Unido. En sus actos importantes era frecuente encontrar a representantes del Spanish Circle of Edinburgh, de alguna agrupación universitaria (como la Oxford University Spanish Society), de la Hispanic Society de Portsmouth o de la citada filial de Leeds.

Asimismo, la asociación continuó buscando apoyos entre los británicos para asegurar su futuro. Esta política de expansión dio sus frutos durante el segundo mandato de Balfour. Entre 1964 y 1965, el número de miembros corporativos aumentó de 57 a 70 y la cifra de socios superó el medio millar. Estas afiliaciones y la celebración bianual de la Anglo-Spanish Ball garantizaron la estabilidad económica de la organización en este periodo e hicieron olvidar los problemas financieros de los primeros años.[124]

Estas incorporaciones tuvieron sus consecuencias y determinaron el funcionamiento de la asociación. El aumento de miembros corporativos conllevó que se recuperara la celebración de actos con fines comerciales. En noviembre de 1964, la sociedad auspició una charla del representante de una de las compañías que apoyaban a la asociación. Esta conferencia versó sobre las relaciones mercantiles hispano-británicas. Pocos meses antes, Denzil Dunnett, que era consejero económico de la Embajada del Reino Unido en Madrid, había hablado de este tema en otra ponencia que organizó la Anglo-Spanish Society.[125]

En 1967, y después de una etapa muy fructífera, John Balfour fue

---

122 John Balfour, "The Chairman's Annual Speech", *The Anglo-Spanish Society Quarterly Review*, 51 (abril–junio 1964), 2–4.

123 "Dinner of the Anglo-Spanish Society", *The Anglo-Spanish Society Quarterly Review*, 46 (octubre–diciembre 1962), 19–20.

124 John Balfour, "The Chairman's Annual Speech", *The Anglo-Spanish Society Quarterly Review*, 54 (enero–marzo 1965), 7–9.

125 *Ibídem*, 7–9.

sustituido por otro experimentado diplomático que había estado en contacto con la cultura española: Hugh Ellis-Rees. El nuevo presidente había sido consejero de la Embajada británica en Madrid y encabezó la misión financiera que el Banco Mundial envió a España en 1961. Si bien no ocupaba ningún cargo en la directiva de la asociación, había colaborado con ella y asistió a numerosos actos de la misma. Por ejemplo, sus vastos conocimientos sobre la economía española le habían permitido impartir alguna conferencia para los socios en el otoño de 1964.[126]

Ellis-Rees presidió la organización desde 1967 hasta 1973. En este periodo, la secretaría honorífica siguió ocupada por Nan Baxter. Sin embargo, hubo algunos cambios en la junta directiva. El más afamado de los vicepresidentes, Ramón Menéndez Pidal, falleció en 1968 y para sustituirle se nombró a uno de sus discípulos: Dámaso Alonso, quien había trabajado en varias universidades británicas antes de la Segunda Guerra Mundial.[127]

Pero, hubo más variaciones. David Morton renunció al puesto de tesorero y un banquero español que vivía en Londres, Ramírez Ronco, se hizo cargo de esta responsabilidad. Su trabajo en la tesorería fue muy útil para mantener unas cuentas saneadas. El comité ejecutivo contó con tres novedades. La primera fue la de Florence Doyle-Davidson, quien, tras mudarse al sur de Inglaterra, se unió a la dirección de la sede londinense. Mercedes Licudi, quien provenía de Gibraltar y cuyo padre Héctor era un conocido periodista, también entró a formar parte de este grupo dirigente. El último en incorporarse fue Philip Robinson, quien desarrolló una intensa actividad cultural. Así, impartió alguna conferencia para los socios, publicó distintos artículos en el *Quarterly Review* y participó en las reuniones de conversación.[128]

126 John Balfour, "The Chairman's Annual Speech", *The Anglo-Spanish Society Quarterly Review*, 51 (abril–junio 1964), 2–4. Véase también: "El Marqués de Santa Cruz preside la Junta de la Anglo-Spanish Society", *ABC, edición de la mañana*, 24 mayo, 1967, 70. Hugh Ellis-Rees (1900–1974) estudió en el Tollington School y en la Universidad de Londres. Trabajó para el Inland Revenue, el antiguo departamento del gobierno que estaba encargado de recaudar impuestos. En 1940, pasó a colaborar con el HM Treasury, que es el ministerio gubernamental dedicado a desarrollar la política fiscal y económica del Reino Unido. En los años 40, fue nombrado consejero económico de la Embajada británica en Madrid. Además, fue embajador de su país ante la Organización para la Cooperación Económica Europea (OEEC). Presidió una misión que el Banco Mundial mandó a España en 1961. Después de este último encargo, colaboró asiduamente con la Anglo-Spanish Society. Véase: "Obituary. Sir Hugh Ellis-Rees", *The Times*, 20 julio, 1974, 14.

127 "The Anglo-Spanish Society. Past Officers". AASS.

128 "Anglo-Spanish Society News", *The Anglo-Spanish Society Quarterly Review*, 73 (enero–marzo 1970), 16–17. Véase también: "Chairman's Speech at the Annual General

La sociedad siguió realizando su labor con normalidad. Continuaron las tardes de conversación en español, las charlas, las pequeñas excursiones y los conciertos de flamenco. También se organizaron fiestas y todos los años se celebró la Anglo-Spanish Ball, que proporcionaba gran parte de los fondos de la asociación. El balance era muy positivo. Tras el invierno de 1969–1970, Ellis-Rees resaltó la intensa actividad que la institución estaba llevando a cabo y felicitó a sus miembros:

> Sin duda, el programa de invierno fue muy exitoso y útil, ya que cumplió el objetivo de la Sociedad de promoción de la amistad anglo-española incrementando nuestro conocimiento de la cultura y costumbres de España.[129]

Al margen de estos eventos, una de las mayores contribuciones del mandato de Ellis-Rees fue la atracción de un gran número de socios corporativos. Utilizó sus contactos y su conocimiento del sector empresarial hispano-británico para conseguir que algunas compañías respaldaran económicamente a la asociación y se involucraran en sus actividades. Años después, Nan Baxter recordaba la importante labor que Ellis-Rees había realizado en este sentido: "Tenemos que agradecerle que, cuando fue presidente de la Sociedad, incorporó muchos miembros empresariales".[130]

Pero, no sólo Ellis-Rees desarrolló una actividad destacada en este periodo. Varios miembros de la organización, como Nan Baxter o Edward Palmer, fueron condecorados por el gobierno de España por su contribución a las relaciones hispano-británicas. El propio embajador español en el Reino Unido, el marqués de Santa Cruz, siempre apostó por la sociedad, que, según sus propias palabras, era una "columna vertebral de la amistad de nuestros dos países en Londres".[131]

Meeting on Monday. June 22, 1970", *The Anglo-Spanish Society Quarterly Review*, 75 (Verano 1970), 8–10.

129  "Chairman's Speech at the Annual General Meeting on Monday. June 22, 1970", *The Anglo-Spanish Society Quarterly Review*, 75 (Verano 1970), 8–10.

130  Nan Baxter, "Rags to Riches", *The Anglo-Spanish Society Quarterly Review*, 179 (Verano 1998), 14–15.

131  "Distinciones españolas a personalidades británicas", *ABC*, 7 octubre, 1967, 52.

# 6

# La Anglo-Spanish Society
# y la democracia

En 1973, Hugh Ellis-Rees abandonaba la presidencia de la asociación, que había alcanzado cierta estabilidad durante la última década. Corrían vientos favorables, ya que los cambios políticos que en ese momento se perfilaban en España iban a facilitar la labor de la institución. Y es que el final del régimen de Franco trajo consigo una coyuntura más propicia para el desarrollo de las relaciones hispano-británicas. Por un lado, la transición española a la democracia fue vista con buenos ojos por la opinión pública del Reino Unido. Por el otro, los servicios diplomáticos españoles se adaptaron a las nuevas circunstancias, renovando parcialmente su personal. Al morir el dictador, el entonces embajador español en Londres, Manuel Fraga Iribarne, regresó a Madrid para asumir responsabilidades de gobierno, siendo remplazado interinamente por su tocayo Manuel Gómez Acebo. A partir de 1976, el aristócrata Luis Guillermo de Perinat se puso al frente de la Embajada para afrontar el reto de transformación que los tiempos exigían. En este contexto, la sociedad continuó progresando con firmeza.

Antes de la muerte de Franco, ya se había producido un relevo en la presidencia de la Anglo-Spanish Society. Un químico y escritor inglés, Peter Christopher Allen, fue el elegido para tomar el timón. Su interés por España había sido fomentado por su segunda esposa, Consuelo Linares, con la que contrajo matrimonio en 1952. Además de acercar a su marido a la cultura española, esta mujer también fue miembro del comité ejecutivo de la asociación y su participación en los proyectos para mejorar las relaciones bilaterales fue tan destacada como la de su marido. Sin ir más lejos, en 1978 la labor de Linares Rivas fue reconocida por el rey Juan Carlos I, quien le otorgó "El Lazo de Dama de la Orden de Isabel la Católica" por su contribución a la amistad entre ambos países. Igual honor fue concedido a otras españolas residentes en Londres como Mabel Marañón y Blanca Tomé de Lago.[132]

132 Peter Christopher Allen (1905–1993) estudió en Harrow y en el Trinity College de

Podría decirse que la asociación compartió el espíritu transformador que recorrió España después del óbito del dictador. Algunos de los miembros más veteranos creyeron que era una buena oportunidad para retirarse y dejar paso a las nuevas generaciones. En 1977, Nan Baxter, que había sido secretaria honoraria desde 1956, decidió presentar su renuncia y Jean Clough ocupó su puesto. Los socios organizaron un acto de homenaje para reconocer el destacado trabajo que Baxter había realizado durante casi dos décadas. Esta mujer fue una pieza clave del engranaje que hizo funcionar la institución durante los años 50 y 60.[133]

A pesar de la influencia que el cambio de régimen en España tuvo en la asociación, la vida diaria de la misma continuó lejos de la política y siguió su curso normal. La dirección impulsó diferentes actividades que aunaban cultura y divertimento. Por ejemplo, y gracias a uno de los vicepresidentes, George Labouchere, se realizó una excursión veraniega a Strafield Saye en 1977. También se organizaron conferencias, las tradicionales reuniones para conversar, proyecciones de películas españolas, conciertos de música y encuentros gastronómicos. Este gran abanico de eventos era rematado anualmente con la Anglo-Spanish Ball, que ya era el acto central de la institución. El abogado John Scanlan, quien se convirtió en uno de los socios más activos durante este periodo, recordaba la relevancia que esta cena de gala fue adquiriendo en la última parte del siglo XX, especialmente en los años 80:

Oxford. En 1928, comenzó a trabajar para Brunner Mond como químico. Su empresa formó parte de la gran compañía británica Imperial Chemical Industries, la cual llegó a presidir a finales de la década de 1960. Antes de ello, asumió distintas responsabilidades como director de la división de plásticos y presidente de la delegación que la empresa tenía en Canadá. Fue miembro del grupo de investigadores que inventó y desarrolló el polietileno. También se interesó por la escritura, siendo autor de numerosas obras. Su primer libro fue *The Railways of the Isle of Wight*, donde ponía de manifiesto su pasión por el ferrocarril. De hecho, llegó a instalar una antigua locomotora española en el jardín de su casa. Véase: "Obituary: Sir Peter Allen", *The Independent*, 1 febrero, 1993: http://www.independent.co.uk/news/people/obituary-sir-peter-allen-1470259.html [01/08/2014]. Véase también: "Annual General Meeting", *The Anglo-Spanish Society Quarterly Review*, 107 (Invierno 1978), 25. Consuelo María Linares Rivas (1924–1991) pertenecía a la familia que era propietaria de un famoso salón de té de Madrid fundado en 1931: el Embassy café. En concreto, era hija de Margarita Kearney Taylor creadora de dicho establecimiento, el cual frecuentaban diplomáticos, periodistas y empresarios tanto británicos como españoles. Véase: John Scanlan, "Memories of an Executive Council Member", *La Revista*, 237 (Verano 2014), 21–22.

133 "Mrs. Baxter. Editorial", *The Anglo-Spanish Society Quarterly Review*, 102 (Otoño 1977), 13–14.

En esa época, el principal evento de nuestra sociedad fue un baile de gala celebrado la mayoría de las veces en el salón principal del Grosvenor House de Park Lane. Era el mayor evento social del calendario, atrayendo entre seiscientos y mil participantes. Con frecuencia, la realeza estuvo presente. Puedo recordar al príncipe Edward asistiendo con la infanta Elena de España y en otra ocasión a la princesa Alexandra y su marido, Angus Ogilvy. Cuando esa fiesta tuvo lugar en la Syon House, el príncipe Charles y Diana dieron lustre a la ocasión.[134]

En la década de 1970, el número de socios se mantuvo más o menos estable, rondando los 500 miembros, pero sólo unos 50 de ellos asistían a las reuniones de gestión y tenían una dedicación constante. Aunque las cuentas estaban saneadas, Allen advirtió que la economía de la institución dependía en exceso de actos puntuales como la Ball. Para evitar males mayores, la dirección decidió actuar y tomó medidas. En 1979, se subieron las cuotas a los afiliados para asegurar la viabilidad de la organización y su labor educativa.[135]

La solvencia de la sociedad permitió potenciar un modesto sistema de becas que había sido articulado a principios de la década de 1970 y que se había mantenido con dificultades hasta entonces. Gracias a la nueva situación financiera, españoles como Miguel Zazo Vázquez recibieron pequeñas cantidades para visitar Inglaterra y aprender inglés. Asimismo, británicas como Gillian Tingay fueron premiadas con una de estas pensiones, que, en su caso, le sirvió para realizar estudios musicales.[136]

A estas becas, se unía la concesión periódica del Santa Cruz Literary Prize. El nombre de este galardón recordaba la tarea que José Fernández Villaverde había desarrollado como embajador de España en Londres y reconocía el respaldo que este aristócrata había dado a la Anglo-Spanish Society. El premio era concedido anualmente al autor del mejor artículo de los que aparecían publicados en la revista de la sociedad, lo cual supuso un acicate para las contribuciones.

En 1980, Peter Allen dejó de presidir la asociación. A partir de ese momento, la dirección fue ocupada frecuentemente por ex embajadores del Reino Unido en Madrid. Al retirarse, ese puesto, se convertían en

---

134 John Scanlan, "Memories of an Executive Council Member", *La Revista*, 237 (Verano 2014), 21–22. Véase también: "Las Infantas", *ABC*, 8 noviembre, 1985, 24.

135 "Annual General Meeting", *The Anglo-Spanish Society Quarterly Review*, 111 (Año Nuevo 1980), 11–12.

136 "Anglo-Spanish Society News", *The Anglo-Spanish Society Quarterly Review*, 115 (1981), 22.

los candidatos perfectos para gestionar la institución londinense. Esta especie de "puerta giratoria" era una tradición que había instaurado Arthur Hardinge, quien, tras representar los intereses de su nación en España, participó en la entonces incipiente organización. Esta política de cooptación tenía sus ventajas, ya que los nuevos presidentes conocían de primera mano la situación de las relaciones bilaterales y tenían contactos en ambos países.

De acuerdo con esta tradición, el sucesor de Allen fue el ex diplomático John Wriothesley Russell, quien había estado al frente de la Embajada británica en Madrid durante los últimos años del régimen franquista. En 1981, asumió la presidencia de la asociación hasta su repentina muerte sólo tres años más tarde. Durante ese escaso tiempo, hubo pocos cambios. Entre los actos que se organizaron en este periodo, destacó el viaje que un nutrido grupo de socios realizó a Madrid en 1984. Un activo miembro del consejo ejecutivo, Sheila Stewart, fue la persona que planeó esta excursión. La visita a la capital de España incluyó una recepción en la residencia del embajador británico en Madrid, Richard Parsons, y otra que se celebró en el Palacio de Oriente con el rey Juan Carlos I, quien, dos años más tarde, volvió a reunirse con los integrantes de la sociedad en su viaje oficial al Reino Unido.[137]

La repentina muerte de Russel en 1984 motivó la elección de un sustituto. El duque de Wellington fue designado presidente, pero sólo ocupó el puesto de forma honorífica. A lo largo de su mandato, otro aristócrata, el Barón Ronald Alexander Lindsay, se hizo cargo de las tareas de gestión. Algún tiempo antes, este último noble había ingresado en la organización, alentado por su mujer, Nicky Storich. Mientras él fue vicepresidente durante casi una

---

137 Véase: John Scanlan, "Memories of an Executive Council Member", *La Revista*, 237 (Verano 2014), 21–22. Véase también: "Recepción en la Embajada de Gran Bretaña", *ABC*, 25 marzo, 1984, 41; y "El Rey, primer Monarca extranjero que intervendrá ante el Parlamento británico", *ABC*, 6 abril, 1986, 22. John Wriothesley Russell (1914–1984) estudió en Eton y en el Trinity College de Cambridge. En 1937, ingresó en el cuerpo diplomático británico y fue destinado a Viena, Moscú, Washington, Varsovia, Roma, Nueva York y Teherán. En 1959, fue nombrado director del departamento de noticias de la Foreign Office. Encabezó las Embajadas británicas en Etiopía y en Río de Janeiro. Entre 1969 y 1974, fue embajador del Reino Unido en España. Trató de mejorar las relaciones bilaterales ante la previsible muerte del dictador y quiso romper el bloqueo que sufría Gibraltar. Fue su último puesto relevante, antes de jubilarse. Véase: "Sir John Russell", *The Times*, 7 agosto, 1984, 12. Durante el mandato de Russell, la directiva de la Anglo-Spanish Society sufrió pocos cambios. Tal vez, el más significativo se produjo en la tesorería. Florence Doyle-Davidson abandonaba ese cargo y pasaba a ser Foreign Correspondent, puesto que fue creado expresamente para ella. En su lugar, Paul Graham fue nombrado tesorero. Véase: "Annual Dinner at the Inn on the Park", *The Anglo-Spanish Society Quarterly Review*, 125 (Verano 1983), 10–11.

El vice-presidente de la asociación, Ronald Lindsay, conversa con
el duque de Wellington en la Stratfield Save House (1987).

Archivo de la Anglo-Spanish Society.

década, ella formó parte del comité ejecutivo. El papel que desempeñó su
esposa fue muy destacado. Tanto ella como María Belén Parker (una hija de
Mabel Marañón que se había casado con un abogado inglés) programaron
un gran número de eventos entre 1984 y 1990.[138]

En esta época, España ingresó en la Comunidad Económica Europea
(1985), de la cual el Reino Unido formaba parte desde 1973. Estas incorporaciones y la consolidación de la democracia española repercutieron
positivamente en las relaciones hispano-británicas. En este contexto, tuvo
lugar el viaje oficial que el monarca Juan Carlos I de Borbón y la reina
consorte Sofía hicieron a Londres en 1986. Como ya hemos sugerido,

138  Ronald Alexander Lindsay (1933–2004) nació en Richmond (Yorkshire). Estudió
en Eton y en el Worcester College de Oxford. Su vida profesional estuvo ligada
al mundo de los seguros, trabajando en la compañía Swan and Everett. En 1964,
conoció a su futura mujer, Nicky Storich, quien le transmitió su interés por España.
Ambos participaron activamente en la Anglo-Spanish Society y en un gran número
de iniciativas. Ronald Lindsay fue premiado con la Encomienda de la Orden de Isabel
la Católica en 1988. Véase: "Sir Ronald Lindsay of Downhill, Bt", *The Telegraph,* 20
abril, 2004: http://www.telegraph.co.uk/news/obituaries/1459703/Sir-Ronald-Lindsay-
of-Dowhill-Bt.html [5/8/2014].

muchos de los socios de la Anglo-Spanish Society se involucraron activamente en los preparativos y en los actos que se celebraron durante la visita. John Scanlan lo recordaba de la siguiente manera:

> Fue un gran éxito. Marina [su mujer] y yo estuvimos encantados de asistir a los principales festejos, que incluyeron una cena privada en Mansion House, una recepción y cena posteriores en el Guildhall, donde el rey Juan Carlos y la reina Sofía recibieron una ovación de los asistentes, y una fabulosa recepción a la familia real, que departió con los otros invitados. El rey Juan Carlos y la reina Sofía también realizaron una visita privada a la Sociedad en su sede en Cavendish Square.[139]

Más allá de este evento excepcional, la sociedad alcanzó una prosperidad inusitada. El número de socios aumentó hasta los 600 en 1986. Los dirigentes aprovecharon la saneada situación financiera para ayudar a otras organizaciones afines. Ese mismo año, se compartieron parte de los beneficios que se habían obtenido del tradicional baile de gala para respaldar el trabajo caritativo que The Spanish Welfate Fund for Great Britain and Northern Ireland estaba haciendo con los españoles residentes en el Reino Unido. Este organismo había sido creado en 1956 por un grupo de mujeres que encabezó Mabel Marañón. Así pues, ambas instituciones compartían objetivos y miembros.[140]

A mediados de la década de 1990, el Duque de Wellington y Ronald Lindsay abandonaron la dirección, pero siguieron ligados a la institución. En 1995, el ex diplomático Robert Wade-Gery, que había sido representante británico en Madrid, pasó a ser el nuevo presidente. Bajo su mandato, la sociedad continuó organizando excursiones para visitar exposiciones, establecimientos o lugares que estaban relacionados con España. No sólo eso, se institucionalizó una salida veraniega (the Summer Outing) que, a juzgar por el número de participantes, tuvo bastante éxito. Además, se programaron comidas y cenas que solían incluir charlas a cargo de personalidades del mundo hispano-británico.[141]

---

139 John Scanlan, "Memories of an Executive Council Member", *La Revista*, 237 (Verano 2014), 21–22.

140 Maite de Despujol, "The Spanish Welfare Fund for Gt. Britain and Northern Ireland", *The Anglo-Spanish Society Quarterly Review*, 136 (Verano 1986), 18–19. Véase también: Sandra Coombs, "Report on the 37th Annual General Meeting", *The Anglo-Spanish Society Quarterly Review*, 136 (Verano 1986), 22–23.

141 "Luncheon", *The Times*, 31 enero, 1997, 20. Véase también: "Anglo-Spanish Society Visit to Delfina", *The Anglo-Spanish Society Quarterly Review*, 174 (Primavera

La Anglo-Spanish Society también participó en la organización de eventos musicales. Varios miembros eran melómanos y promovieron la celebración de algún concierto, como el que dio el pianista madrileño Enrique Pérez Guzmán en el Wigmore Hall de Londres el 30 de mayo de 1996. En los años venideros, se siguió apostando por respaldar a intérpretes españoles. Así, se prolongaba una tradición de la sociedad, que, desde los años 60, había dado cabida entre sus actos a sesiones de flamenco o de otros tipos de música.[142]

Durante la presidencia de Wade-Gery, también se mantuvieron las becas que se entregaban anualmente a estudiantes de ambos países. Para poder continuar con esta labor educativa, se constituyó un fondo que recibía diferentes donativos de socios o personas cercanas a la entidad. En 1996, esta ayuda fue a parar a Anna Champeney, que estaba estudiando la artesanía gallega y que, gracias a la subvención, pudo realizar una estancia en Galicia. La becaria correspondió a este premio dando una charla sobre ese tema para los miembros.[143]

Asimismo, la asociación desarrolló sus redes de colaboración con otros organismos y corporaciones que difundían la cultura española e hispanoamericana en el Reino Unido. En estos años, trabajó conjuntamente con el recién creado Instituto Cervantes de Londres, con el Spanish Club y con la oficina de turismo española. También participó en las actividades de otras instituciones análogas. Por ejemplo, respaldó a la Anglo-Argentine Society y a la British-Mexican Society para organizar una charla que llevaba el nombre de Jorge Luis Borges. Este evento se celebró en 1997 y el ponente fue Hugh Thomas.[144]

El colofón de la presidencia de Wade-Gery llegó con la celebración de los cuarenta años de la asociación, cuyo acto fundacional se estableció en

---

1997), 30-31. Robert Lucien Wade-Gery (1929–) entró en el cuerpo diplomático británico en 1951 y estuvo sirviendo en el departamento de relaciones económicas de la Foreign Office hasta 1954. Después, fue destinado a Bonn, Tel Aviv y Saigón, además de trabajar para distintas secciones de la Foreign Office. Entre 1973 y 1977, fue "minister" en la embajada británica en Madrid. Allí aprendió español y vivió un momento de cambio político en España. Su carrera continuó en la representación diplomática de Moscú, donde estuvo entre 1977 y 1979. Su último gran puesto fue como alto comisionado para la India. Véase la transcripción de la entrevista que Malcolm McBain hizo a Robert Wade-Gery (13/02/2000): https://www.chu.cam. ac.uk/media/uploads/files/Wade-Gery.pdf.

142 "Multiple Display Advertising Items", *The Times,* 25 de mayo, 1996, 16.

143 "Anglo-Spanish Society Grants", *The Anglo-Spanish Society Quarterly Review,* 174 (Primavera 1997), 35.

144 "Lecture", *The Times,* 4 febrero, 1997, 20. Podemos consultar la lista de entidades que colaboraban con la asociación en: *The Anglo-Spanish Society Quarterly Review,* 174 (Primavera 1997), 38.

Robert Wade-Gery, presidente de la asociación, brinda con Alberto Aza, embajador español en Londres, durante la celebración del cuarenta aniversario de la sociedad en 6 julio 1998.

Foto del archivo de la British-Spanish Society.

la asamblea de 1958 que había recuperado su antiguo nombre. La elección de ese punto de referencia sugería la identificación de sus responsables con el proyecto que Balfour había articulado. Para conmemorar este aniversario, el embajador español en Londres, Alberto Aza Arias, recibió en su residencia oficial a los socios y la revista publicó un número especial en el que se compilaron anécdotas y datos de la historia reciente de la institución.[145]

En 1999, el ex diplomático Robin Fearn fue nombrado presidente de la asociación. El nuevo dirigente había prestado sus servicios en América Latina y había sido embajador británico en Madrid entre 1989 y 1994. Al retirarse de este último cargo, se involucró en la sociedad, llegando a ser vicepresidente durante el mandato de Wade-Gery. Además de conocer la cultura española e hispanoamericana, era ya un activo miembro de la organización cuando fue designado para encabezarla.[146]

145 "Reception", *The Times,* 7 julio, 1998, 22.
146 Patrick Robin Fearn (1934–2006) nació en Barcelona, donde su padre dirigía la delegación española de la compañía británica BBA. El inicio de la Guerra Civil provocó que su familia volviera al Reino Unido precipitadamente. Fearn estudió en el Ratcliffe College y en el University College Oxford. Durante algunos años, trabajó

**Robin Fearn (1934–2006)**
fue embajador británico en Madrid
entre 1889 y 1994, y presidente de la
asociación en el cambio de siglo.

La foto pertenece al archivo de la
British Spanish Society y probablemente
fue tomada en 1999.

Robin Fearn no perdió el tiempo y afrontó la necesaria transformación
jurídica de la entidad. En la asamblea general de 1999, se decidió registrar la
asociación como "company limited by guarantee" (un tipo de corporación
sin ánimo de lucro) y comenzar los papeleos necesarios para constituirse
como Charity (una organización con fines filantrópicos), lo cual se produjo
oficialmente a principios del 2000. Esta metamorfosis dio estabilidad legal
a la institución, que ya funcionaba dentro de esos parámetros. No obstante,
se introdujeron los cambios pertinentes en sus estatutos para adecuar su
organigrama a los requisitos exigidos por el Estado británico.[147]

como representante de Dunlop Rubber Company en el Caribe. En 1961, entró en
el cuerpo diplomático británico, desempeñando cargos en Caracas, La Habana y
Budapest. Es recordado por su labor en el departamento de la Foreign Office dedicado
a América Latina, el cual dirigió desde 1979. En su mandato, tuvo lugar la guerra de
las Malvinas y participó en las negociaciones con el gobierno argentino. Además, fue
embajador en La Habana entre 1984 y 1986. Su último destino fue Madrid, donde
encabezó la embajada británica entre 1989 y 1994. Después de este último servicio, se
jubiló. Véase: "Sir Robin Fearn", *The Times,* 2 octubre, 2006, 50; y "Sir Robin Fearn",
*The Telegraph,* 2 octubre, 2006.
147 "The Anglo-Spanish Society Annual General Meeting", *The Anglo-Spanish
Society Quarterly Review,* 185 (2000), 14.

En consonancia con los principios que regían a una Charity en el Reino Unido, la sociedad impulsó su dimensión educativa, que ya ocupaba un lugar central en sus propósitos. Así, se siguió convocando el Santa Cruz Literary Prize y la beca anual para realizar viajes de estudios acabó institucionalizándose con el nombre de The Anglo-Spanish Society Student Travel Prize. Además, se "resucitaron" los grupos de conversación en español, que, en esta ocasión, fueron promovidos por Mariuska Chalmers.[148]

Este impulso educativo coincidió con un contexto diplomático propicio. Entre 1999 y 2004, Santiago de Mora-Figueroa, Marqués de Tamarón, ejerció como embajador español en Londres. Este aristócrata había dirigido el Instituto Cervantes y tanto él como su mujer mostraron gran interés por las actividades de la asociación. Por si fuera poco, personalidades de la clase política del Reino Unido se inscribieron como miembros y contribuyeron a su dinamización. Por ejemplo, el conservador Lord Tristan Garel-Jones, quien tenía una gran relación con España, participó en sus actos. En junio 2001, fue el promotor de una comida que se celebró en la Cámara de los Lores para los socios de la Anglo-Spanish Society.[149]

En 2002, David Brighty, quien había sido embajador del Reino Unido en España entre 1994 y 1998, asumió la presidencia. En los años previos, el nuevo dirigente había participado en las actividades de la sociedad y se fue haciendo un hueco en la cúpula. Su contacto con la cultura hispánica comenzó en su infancia, ya que había cursado lengua española en la escuela y, antes de continuar sus estudios en la Universidad de Cambridge, había visitado la Península Ibérica, viajando desde Irún a Tarifa.[150]

Brighty afrontó una época difícil para la organización, que, según Carlos Miranda, estaba "moribunda, con pocos fondos y con un escaso número de miembros jóvenes". Aunque, tal vez, la descripción era exagerada, lo cierto es que la institución no pasaba por su mejor momento y la renovación se planteaba como una condición sine qua non para su continuidad.[151]

Los primeros cambios se produjeron en el 2004, coincidiendo con la designación de Carlos Miranda como nuevo embajador de España en Londres. Dorothy McLean, que era la mujer de un conocido diplomático

148 "The Anglo-Spanish Society Annual General Meeting", *The Anglo-Spanish Society Quarterly Review*, 185 (2000), 14. Véase también: "Anglo-Spanish Society", *The Times*, 25 octubre, 2000, 24; "Dinners", *The Times*, 16 noviembre, 1999, 26; "Luncheons", *The Times*, 25 octubre, 2001, 24.
149 "Luncheons", *The Times*, 18 enero, 2001, 24.
150 "Appointment", *The Times*, 10 de enero, 2002, 18. Véase también: "Our New Chairman", *The Anglo-Spanish Society Quarterly Review*, 193 (Invierno 2002), 1.
151 "Anglo-Spanish Awards Ceremony", *The Anglo-Spanish Society Quarterly Review*, 218 (Verano 2008), 6–8.

británico y que había aprendido español durante una estancia en Bolivia, fue nombrada secretaría honorífica en sustitución de Nicola Lloyd Williams. A su vez, la tesorería había quedado vacante tras la renuncia de Alan Slater y, en consecuencia, Muir Sutherland, que, además de ser un gran conocedor de España, estaba casado con una española, ocupó ese cargo. En 2005, Albert Jones, que era presidente del Spanish Circle of Sutton, y Bethan Jones, quien participaba activamente en los eventos de la Anglo-Spanish Society, se incorporaron al consejo ejecutivo de la asociación.[152]

Uno de los problemas que David Brighty y su directiva tuvieron que afrontar fue el paulatino descenso de socios, que podía hacer peligrar la solvencia financiera de la institución. Por eso, el presidente hizo un llamamiento para atraer nuevos miembros y solicitó la ayuda del embajador Carlos Miranda para contactar con empresas españolas que quisieran apoyar a la sociedad. Aunque la situación distaba de ser límite, este contratiempo provocó que el proyecto educativo que la presidencia estaba perfilando fuera más lento de lo esperado. El comité ejecutivo estaba dando forma a un sistema de becas más ambicioso que respondiera a los objetivos filantrópicos que esta Charity se había propuesto. No obstante, esta novedad tuvo que esperar algún tiempo.[153]

Más allá de ese llamamiento y de la búsqueda de apoyo en empresas españolas, la dirección quiso relanzar los eventos para jóvenes socios, que ya habían tenido cierto protagonismo dentro del programa de actos de la asociación en los años 90. Los impulsores de la corporación habían envejecido y el futuro pasaba por saber conjugar esa experiencia con savia nueva. De ahí que, a principios del siglo XXI, Bethan Kelly contribuyera a revitalizar estos encuentros de jóvenes, que, sin duda, daban un soplo de aire fresco a la organización y podían ayudar a aumentar el número de miembros.[154]

Después de más de siete años, David Brighty pensó que era el momento de su relevo. Así, propuso a Stephen Wright, quien había sido embajador británico en Madrid desde 2003 a 2007, para sucederle al frente de la asociación. Tras el visto bueno de los órganos de gestión, Wright pasó a presidir esta institución en 2007. Aunque hasta esa fecha su contacto con

---

152 *The Anglo-Spanish Society Quarterly Review*, 204 (Navidad 2004), 4–6; y en *The Anglo-Spanish Society Quarterly Review*, 208 (Navidad 2005), 20.

153 "Chairman's Message", *The Anglo-Spanish Society Quarterly Review*, 212 (Navidad 2006), 5; y "Message from our Chairman", *The Anglo-Spanish Society Quarterly Review*, 213 (2007), 3.

154 "Young Members' Event", *The Anglo-Spanish Society Quarterly Review*, 213 (2007), 16.

De izquierda a derecha: Denise Holt (ex embajadora británica en España
y la primera mujer que presidió la Anglo-Spanish Society), Boris Johnson
(Alcalde de Londres) y Federico Trillo (Embajador español en Londres).

Foto tomada durante la tradicional cena de gala de la asociación de 2013.

esta sociedad londinense fue escaso, el nuevo presidente había participado
en un organismo análogo que existía en la capital de España desde 1980: la
Fundación Hispano Británica. Más aún, había vivido en países hispanohablantes como Chile y su actividad diplomática le había permitido conocer
a numerosos políticos españoles.[155]

Durante su mandato, Stephen Wright trató de impulsar dos proyectos
que seguían la línea reformista que Brighty inauguró. Por un lado, puso
en marcha el programa de becas que su predecesor en el cargo había
perfilado. Por el otro, creó una estructura administrativa estable, mediante
la formación de una secretaría más preparada profesionalmente y la

155  Hijo de padre diplomático, Stephen Wright nació en Quito y pasó una parte
de su infancia en Chile, donde aprendió español. Desde entonces, sus contactos con
Hispanoamérica han sido constantes, ya que con frecuencia visitaba a su familia que
residía en Honduras y llegó a ser embajador británico en La Habana (Cuba). Antes
de ponerse al frente de la Embajada en Madrid, Stephen Wright fue representante
británico en Bruselas entre 1982 y 1984. A lo largo de ese periodo, conoció a distintos
políticos españoles y siguió muy de cerca los primeros años del régimen constitucional
que se abría camino en España. Estos datos han sido extraídos de una entrevista que
me concedió Stephen Wright en abril de 2014. Quiero agradecerle su colaboración.

reorganización del comité ejecutivo, al cual se incorporó Jimmy Burns Marañón como vicepresidente. El cumplimiento de ambos objetivos supuso un cambio tanto en la incidencia social de la institución como en su funcionamiento.

Para llevar a cabo el primero de estos dos propósitos, Wright consiguió el respaldo de varios patrocinadores, que ya habían mostrado su interés a Brighty: Abbey (del grupo Santander), O2/Telefónica, Cuatrecasas, BBVA y Ferrovial. Gracias a estas empresas, la Anglo-Spanish Society puso en marcha un ambicioso programa de becas en 2008. Uno de los miembros del comité ejecutivo, Albert Jones, comenzó a encargarse de la ardua tarea de gestionar las solicitudes de estas ayudas. Tuvo el auxilio de Paul Pickering, quien formaba parte del Grants Committee, y ambos consultaron a algún profesor universitario, como al entonces catedrático Cervantes Robert Archer, para seleccionar a los premiados. Este proyecto educativo recibió el apoyo de los embajadores de España en Londres, tanto de Carlos Miranda como de su sucesor Carles Casajuana Palet, quienes ofrecieron la Embajada para realizar los actos de entrega de estos premios.

El programa de subvenciones había sido pensado para facilitar a estudiantes tanto españoles como británicos realizar sus investigaciones doctorales y continuar con su formación en alguna de las universidades de España o del Reino Unido. Las especialidades de los becarios eran muy variadas, yendo desde la literatura y la historia hasta la ingeniería y la música. Cada patrocinador otorgaba una ayuda que, en ocasiones, eran compartidas por un grupo de personas. La primera entrega de premios se celebró en la Embajada española en Londres el 28 de abril de 2008. De esta forma, arrancaba uno de los proyectos más relevantes de la Anglo-Spanish Society.[156]

El segundo de los fines que Wright persiguió parece menos vistoso, pero fue muy práctico. En un principio, los fondos de la institución sólo permitieron contratar a un administrativo a tiempo parcial para el trabajo de secretaría. Sin embargo, las exigencias burocráticas que acarreaba la asociación hicieron que sus dirigentes buscaran alguna manera de sostener un cargo de estas características. La solución del problema vino de otro organismo español: el Instituto Cervantes de Londres. El director de este centro y Wright llegaron a un acuerdo para compartir los gastos que ese puesto ocasionaba. Gracias a ello, se acabó contratando a dos personas

---

156 La primera convocatoria de becas se resolvió a favor de Miguel Fernández-Longoria, Jackeline Agorreta, John O'Neill, Sizen Yiacoup, David Lobina e Ignacio García Faubel. Véase: "Anglo-Spanish Awards Ceremony", *The Anglo-Spanish Society Quarterly Review*, 218 (Verano 2008), 6–8.

que ayudaran con la gestión diaria de ambas organizaciones. En teoría, una de ellas debía encargarse de la sección de eventos y becas, y la otra se ocupaba de las finanzas y de los miembros.[157]

Además de estas líneas de actuación, muchos aspectos de la asociación fueron modernizados durante este periodo. Se potenció su página web, que, desde 2006, ya contaba con un espacio que la Embajada española en Londres le había cedido en su sitio. Sin embargo, la relevancia que internet tomó hizo necesaria la publicación de un portal independiente a finales de 2007. Poco a poco, fue dotándose de contenidos y pasó a cumplir una función importante para promocionar la organización entre la ciudadanía.[158]

La sustituta de Stephen Wright en la Embajada británica en Madrid, Denise Holt, también le sucedió al frente de la asociación, convirtiéndose en la primera mujer que oficialmente dirigió esta institución. Además de haber sido representante británica en México y en España, Denise Holt había estudiado español en el New Hall School de Chelmsford y posteriormente, se especializó en este idioma y en francés en la Universidad de Bristol.[159]

Entre 2009 y 2013, Holt dirigió la asociación, asistida por un renovado grupo directivo. En los años anteriores, Jimmy Burns Marañón, Pilar Brennan y Albert Jones habían ingresado en el consejo ejecutivo. Muir Sutherland dimitió como tesorero y Mark Phillips le sustituyó hasta que en 2012 Jaime Hugas, ex-alumno de ESADE y con experiencia en el sector financiero, pasó a llevar las cuentas. Lucía Lindsay y Carmen Bouverat lideraron un equipo dedicado a la organización de eventos. No sólo eso, algunos profesionales del mundo de los negocios, como José Ivars-López y Jaime Arranz, se ofrecieron para ayudar en diversas tareas, como la promoción corporativa y la gestión de la publicidad. Por su parte, María Ángeles Jiménez-Riesco atendió a los "Corporate Supporters".

Holt trató de revitalizar la asociación, que estaba algo languidecida, a través de tres objetivos: el incremento del número de miembros, la organización de eventos que estuvieran en consonancia con los fines de la sociedad y la continuación del programa de becas que su predecesor había lanzado en el 2008. Para estas tareas, contó con la ayuda de la secretaría, que fue

---

157 En 2008, estos puestos fueron ocupados por Siobhan Songour y John Jinks, respectivamente. Véase: "Chairman's Message", *The Anglo-Spanish Society Quarterly Review*, 219 (Otoño 2008), 5.
158 *The Anglo-Spanish Society Quarterly Review*, 209 (Primavera 2006), 21.
159 Los datos referentes al mandato de Denise Holt han sido proporcionados por ella misma, quien atendió amablemente mis preguntas. Quiero agradecerle su ayuda.

ocupada, en primera instancia, por Siobhan Songour y Jordi Castro, y posteriormente por Beatriz Gago y Virginia Cosano.

La afiliación fue una de las obsesiones de la dirección, que trató de incrementar el número de miembros. Con ese propósito, y de acuerdo con la línea de actuación que había desarrollado Bethan Kelly anteriormente, la asociación se acercó a los jóvenes españoles que trabajaban o estudiaban en Londres. Este intento pretendía renovar la sociedad a través de la cooptación de profesionales y aumentar la lista de socios, que fue creciendo poco a poco.

Asimismo, se revitalizó el programa de actividades con la inclusión de eventos que estaban destinados a diferentes públicos. La organización de algunos actos empezó a profesionalizarse. Por ejemplo, David Hurst pasó a ocuparse de la planificación de las cenas de gala, a las cuales asistieron diferentes invitados de honor. Entre estas personalidades, estuvieron el ex ministro conservador Michael Portillo o el alcalde de Londres, Boris Johnson. Estas veladas fueron muy concurridas y se realizaron con la ayuda del RAC Club.

Durante su mandato, Holt también consiguió que otras empresas apoyaran el programa de becas. Así, BUPA, que opera en España como Sanitas, se unió a los patrocinadores del sistema de ayudas para estudiantes. Desde entonces, una de estas subvenciones ha estado dirigida a investigadores que centran sus trabajos en el ámbito de la medicina. También en esta época, otras compañías (por ejemplo, *Hola* o Ibérica) realizaron distintas aportaciones para el mantenimiento de esta labor educativa.[160]

Pero uno de los mayores cambios de este periodo se produjo en *The Anglo-Spanish Society Quarterly Review*, que tuvo un nuevo editor en 2010. Después de 23 años al frente de esta publicación, Adrian Wright era sustituido por Jimmy Burns, quien aprovechó su experiencia profesional para transformar el principal medio de expresión de la asociación. Burns había trabajado para *The Financial Times* durante tres décadas y conocía perfectamente la prensa británica. Gracias a las modificaciones que introdujo en el diseño, formato y contenido, modernizó este boletín, que adoptó un nombre español y más simple: *La Revista*.

En 2013, Denise Holt renunciaba a la presidencia de la Anglo-Spanish Society, que pasó a ser ocupada por Jimmy Burns, cuya familia ha estado ligada a esta asociación desde su reorganización en los años 50. Su nombramiento rompía con esa tradición que reservaba la dirección de la sociedad a algún representante del mundo diplomático o comercial. Por el contrario, el nuevo presidente era periodista y escritor, además de un gran

---

160 "Bupa. Principle supporter", *La Revista*, 230 (Invierno 2011), 8.

conocedor de las relaciones hispano-británicas. De hecho, había participado muy activamente en el día a día de la institución en el último periodo, coincidiendo y colaborando con dos embajadores españoles en Londres: Carlos Casajuana y Federico Trillo.[161]

Su mandato comenzó con la difusión de un documento que llevaba por título: *The Vision for the British-Spanish Society 2013–2016*. Este texto certificaba el cambio de nombre de la asociación y celebraba que hubiera sobrevivido a la crisis económica, aumentando el número de socios y sus acuerdos con el mundo empresarial. Pero, sobre todo, este documento perfilaba una serie de proyectos y reformas. Para empezar, se produjo una renovación del equipo directivo. Jaime Hugas fue elegido vicepresidente, dejando la contabilidad de la institución en manos de Jaime Arranz Conque. Dos ex becarios con dilatada experiencia académica y profesional, María Ángeles Jiménez-Riesco y Miguel Fernández-Longoria, pasaron a gestionar el programa de becas de la sociedad, que se amplió ligeramente con unas pequeñas ayudas.[162]

Ahí no acabaron los cambios. La secretaría se reforzó con la incorporación de María Soriano, lo que permitió lanzar una nueva página web y tener más presencia en las redes sociales, a través de perfiles en Facebook y Twitter. Además, Jimmy Burns renunció a la dirección de *La Revista*, la cual asumió Amy Bell. Esta joven editora británica también trabaja para *The Financial Times* y conoce la cultura española, ya que residió en España durante algún tiempo.[163]

Estas novedades fueron alternadas con algunas continuidades. La tradicional cena de gala siguió celebrándose, demostrando que era uno de los actos centrales de la sociedad. La que se organizó en la primavera de 2014 contó con la presencia de la política conservadora Esperanza Aguirre como invitada de honor y tuvo lugar en La Cámara de los Comunes. El evento provocó mucho eco mediático y sirvió para aumentar los fondos destinados al programa de becas.

161 Quiero agradecer a Jimmy Burns Marañón que me haya facilitado información sobre su mandato.

162 Tanto María Ángeles Jiménez-Riesco como Miguel Fernández-Longoria son doctores en historia y ex becarios de la asociación. Mientras ella combina su labor como investigadora post-doctoral en el Cañada Blanch Centre for Contemporary Spanish Studies (LSE) con su actividad empresarial, él es Head of Portfolio Management en la división londinense del Banco Santander.

163 En septiembre 2013, el comité ejecutivo estaba también formado por: Lucia Cawdron (Events), Carmen Bouverat (Events), Christopher Nason (Strategy), Pilar Brennan (Institutions), Albert Jones (Grants), Sara Argent (Communications), José Ivars López (Corporate Development)...

Aparte de esto, el mandato de Burns ha servido para preparar el centenario de la asociación, que este libro contribuye a celebrar. Si bien es muy pronto para hacer un análisis de lo acaecido en estas últimas fechas, el progresivo aumento de socios, los eventos que ya se han planeado, la nueva época de *La Revista* y el mantenimiento del programa de becas sugieren que la rebautizada como British-Spanish Society continuará con su filantrópico trabajo durante mucho más tiempo. De ahí que no sea aventurado pensar que esta institución seguirá siendo un punto de encuentro que facilite el entendimiento entre ambas naciones, creando espacios de diálogo y promoviendo el conocimiento de las culturas de los dos países entre sus sociedades civiles.

# 7

# Epílogo

En estas páginas, hemos analizado la historia de la Anglo-Spanish Society y el papel que desempeñó en las relaciones entre el Reino Unido y España durante el siglo XX. A pesar de ser una organización apolítica, los gobiernos de ambos países trataron de controlarla porque atribuyeron cierta utilidad a la cultura en el terreno diplomático. En una primera época, esta institución sirvió a los intereses de la Foreign Office y tras la Segunda Guerra Mundial, pasó a estar controlada por la Embajada española en Londres.

La historia de esta asociación es un buen ejemplo de la función que la cultura ha ejercido en el ámbito de las relaciones internacionales desde principios de la pasada centuria. Nadie discute la importancia de la labor que el Instituto Cervantes, el British Council o el Institut Français realizan en la actualidad. Estas entidades no sólo enseñan lenguas, sino que acercan mundos distintos y, en ocasiones, lejanos, llegando a cumplir una misión diplomática mayor de la que cabría suponer. Aunque los parámetros impiden una comparación seria, organismos como la Anglo-Spanish Society pueden ser considerados como precedentes de este tipo de corporaciones.

En la actualidad, los Estados han cambiado sus políticas de exteriores, incluyendo un gran número de estrategias en consonancia con un mundo globalizado. Los gobiernos son más conscientes de la relevancia que la cultura tiene en las relaciones entre países y se han dotado de varias instituciones para intervenir en el ámbito internacional. Muchas naciones tienen oficinas para promover su propia imagen o, por utilizar un término que está en boga, su marca. Sin embargo, y en un primer momento, la asociación que se analiza en estas páginas fue promovida por la Foreign Office y, aunque contaba con presencia española e hispanoamericana, estuvo controlada por los británicos.

Como hemos visto, un grupo de británicos creó la Anglo-Spanish Society durante la Gran Guerra para contribuir a la consecución de los objetivos estratégicos y comerciales de su gobierno. Eso sí, esta sociedad sólo sirvió parcialmente a esos intereses, ya que, aunque fue ideada para hacer frente al influjo alemán sobre la opinión pública española, su incidencia en España fue escasa. Con su fundación también se perseguía mejorar las relaciones mercantiles con los países hispanoamericanos. Se esperaba que el impulso que esta organización diera a la difusión de la lengua castellana en Gran Bretaña ayudaría a los empresarios angloparlantes a realizar negocios al otro lado del Atlántico. Si bien su labor fue fundamental para la expansión de la enseñanza del español en Inglaterra y en Escocia, cabría preguntarse por la repercusión real que tuvo en esos contactos económicos.

Los resultados comerciales que los británicos obtuvieron en Hispanoamérica fueron escasos a principios del siglo XX. Aunque el gobierno de Londres firmó un tratado mercantil con los representantes españoles que fue claramente beneficioso para el Reino Unido, no tuvieron la misma suerte en el "Nuevo Mundo". Tras la Gran Guerra, ya nunca recuperaron la posición preponderante que habían ocupado en ese mercado, el cual fue controlado por el gigante estadounidense. Es difícil determinar el alcance que la acción de la sociedad pudo tener en este sentido, pero resulta evidente que realizó varios esfuerzos para promover los negocios de las compañías de Gran Bretaña en las naciones hispanohablantes. Por ejemplo, la asociación sirvió de punto de encuentro entre los empresarios británicos y los diplomáticos de las ex colonias españolas, proporcionó información sobre la situación de España y América Latina, e impulsó la enseñanza del español con la esperanza de activar esos contactos comerciales.

A pesar de que su fundación respondía a la lógica y a las necesidades bélicas, la Anglo-Spanish Society cumplió mejor su función en tiempo de paz. El final de la Gran Guerra trajo consigo la estabilidad que esta sociedad no tuvo a lo largo del conflicto y su continuidad fue más allá de sus principales promotores (Israel Gollancz y Ronald Burrows) y de su vinculación con la Foreign Office. Esta asociación ya había empezado su expansión con el establecimiento de varias filiales en Oxford, Cambridge y Glasgow. Muchas de ellas estuvieron ligadas a una institución universitaria y ayudaron a la consecución del objetivo educativo.

A través de su actividad cultural, la asociación dio a conocer el mundo hispano a los habitantes de Gran Bretaña. Más aún, la promoción de la docencia del español favoreció la constitución de departamentos de este idioma en las universidades británicas más importantes. Y es que la acción de la sociedad tuvo mucho que ver con el incremento de la demanda de este tipo de estudios en Albión. Como es obvio, otros individuos (como los empresarios con intereses comerciales en Hispanoamérica) y organismos (como el Board of Education) fomentaron la enseñanza del español en el Reino Unido. Eso sí, está fuera de toda duda que esta institución ayudó a la expansión de esta lengua.

La sociedad fue reorganizada entre 1924 y 1925. El propósito era conseguir una estabilidad que permitiera la continuidad del proyecto. Pero estos cambios supusieron un cierto estancamiento y distanciaron a la sede central de sus filiales. Los años siguientes estuvieron marcados por un progresivo descenso de la influencia de la organización, la cual sufrió el duro golpe de la Gran Depresión de 1929. Además, sus funciones fueron asumidas por otros actores e instituciones, como el Hispanic and Luso-Brazilian Council. Por eso, su actividad se redujo al mínimo en la última parte de la década de 1930. La Segunda Guerra Mundial constituyó el final de este proceso de decadencia que acabó con su disolución en 1947.

En 1950, la Liga de la Amistad recogió el testigo dejado por la Anglo-Spanish Society. Sin embargo, tenía poco que ver con su predecesora. La nueva organización pasó de estar íntimamente ligada a los fines de la diplomacia británica a ser parte de la estrategia de la Embajada española en Londres. Mediante la revista de la asociación y diversos actos, se trató de realizar una campaña propagandística que favoreciera el turismo y que terminara con el bloqueo internacional del régimen de Franco.

En una primera etapa, la Liga sufrió serios problemas económicos y estuvo caracterizada por la politización que la diplomacia española imprimió a su actividad. Esta situación fue revertida a partir de 1958. Ese año, la sociedad recuperó su viejo nombre y fue construyendo poco a poco el espacio socio-cultural en el que se movió en las décadas siguientes. En los años 60, el número de socios fue aumentando progresivamente, algunas empresas apoyaron su labor y sus finanzas alcanzaron cierta estabilidad. Estas mejoras permitieron a sus socios organizar más eventos y difundir la cultura española en Londres, que fue su campo de acción desde entonces.

El final de la dictadura y la llegada de la democracia supusieron el replanteamiento de la institución, que cambió su estatus jurídico para convertirse en una Charity. Sus socios dedicaron sus esfuerzos a la consecución de los propósitos educativos, que han tenido un claro protagonismo durante los últimos años. El nuevo programa de becas, la renovación de la revista y el apoyo de distintas empresas hispano-británicas han marcado el progreso de su actividad en el comienzo del siglo XXI.

En definitiva, la constante transformación de la Anglo-Spanish Society ha contribuido a su vigencia y ha puesto de manifiesto su utilidad en el ámbito de las relaciones hispano-británicas. Por eso, se ha convertido en una institución centenaria que, lejos del anquilosamiento, tiene una salud envidiable que le augura una larga vida.

# 8

# Apéndice

## Cuadro de Cargos

| YEARS | CHAIRMAN | TREASURER | HON. SECRETARY | EDITOR |
|---|---|---|---|---|
| 1951–1956 | Sir Alexander Roger | Sir Thomas Eades (1951–1956) F. Walter Oakley (1952–1956) | F. J. Hesketh-Williams | F. J. Hesketh-Williams |
| 1956–1957 | Dr Halliday Sutherland | Charles Fruh (1956–1957) Adam Francis (1957) | Nan Baxter (1956–1977) | Peter C. Jackson (1956–1957) M. O'Connor (1957–1960) |
| 1957–1958 | Sir John Balfour | D. McWilliam Morton (1958–1969) | Nan Baxter | M. O'Connor |

| YEARS | CHAIRMAN | TREASURER | HON. SECRETARY | EDITOR |
|---|---|---|---|---|
| 1959–1961 | Lord St. Oswald, M.C. | D. McWilliam Morton | Nan Baxter | M. O'Connor (1957–1960) Thomas Arthur Layton (1960–1986) |
| 1961–1967 | Sir John Balfour | D. McWilliam Morton | Nan Baxter | Thomas Arthur Layton |
| 1967–1973 | Sir Hugh Ellis-Rees | D. McWilliam Morton (1958–1969) F. Ramírez-Ronco (1969–1971) Doyle-Davidson (1971–1983) | Nan Baxter | Thomas Arthur Layton |
| 1973–1980 | Sir Peter Allen | Doyle-Davidson | Nan Baxter (1956–1977) Jean Clough (1977–1978) Maureen Haynes (1978–1983) | Thomas Arthur Layton |
| 1981–1984 | Sir John Russell | Doyle-Davidson (1971–1983) Paul Graham (1983–1992) | Maureen Haynes (1978–1983) Margaret McCall (1984–1990) | Thomas Arthur Layton |

| YEARS | CHAIRMAN | TREASURER | HON. SECRETARY | EDITOR |
|---|---|---|---|---|
| **1985–1994** | The Duke of Wellington<br>Ronald A. Lindsay | Paul Graham<br>(1983–1992)<br>Richard Stovin-Bradford<br>(1993–1995) | Margaret McCall<br>(1984–1990)<br>Anne Flyfee<br>(1990–1991)<br>Michael Barrett<br>(1992–1994) | Thomas Arthur Layton<br>(1960–1986)<br>Adrian T. Wright<br>(1987–2010) |
| **1995–1999** | Sir Robert Wade-Gery | Edward Samson-Lewis<br>(1995–2000) | Mavis E. H. Brake<br>(1994–1996)<br>Prue Turner<br>(1996–2001) | Adrian T. Wright |
| **1999–2002** | Sir Robin Fearn | Edward Samson-Lewis<br>(1995–2000)<br>Alan Slater<br>(2000–2004) | Prue Turner<br>(1996–2001)<br>Jane Pick<br>(2001–2002) | Adrian T. Wright |
| **2002–2007** | David Brighty | Alan Slater<br>(2000–2004)<br>Muir Sutherland<br>(2004–2009) | Nicola Lloyd Williams<br>(2003–2004)<br>Dorothy Mclean<br>(2004–2007) | Adrian T. Wright |

| YEARS | CHAIRMAN | TREASURER | HON. SECRETARY | EDITOR |
|---|---|---|---|---|
| 2007–2009 | Sir Stephen Wright KCMG | Muir Sutherland (2004–2009) | Michelle Jayman (2007–2008) Rosie Stephens (2008) Siobhan Songour (2008–2010) John Jinks (2008–2009) | Adrian T. Wright |
| 2009–2013 | Dame Denise Holt | Mark Phillips (2009–2012) Jaime Hugas (2012–2013) | Siobhan Songour (2008–2010) Beatriz Gago Vázquez (2010– Virginia Cosano | Adrian T. Wright (1987–2010) Jimmy Burns (2010–2013) |
| 2013– | Jimmy Burns | Jaime Hugas (2012–2013) Jaime Arranz Conque (2013– | Beatriz Gago Vázquez Virginia Cosano | Jimmy Burns (2010–2013) Amy Bell (2013– |

# Index

# Índice